杉並区長日記　地方自治の先駆者・新居格

JN129038

虹霓社

もくじ

5 区長日記

覚え書 85

区長日記

〈×月×日〉
区長はスタンプ・マシンなり

わたしは、当選し就任すると早速、議長、副議長のところへいつ挨拶に行きますか、ときかれた。わたしはもちろん、「ノー」とはっきり答えたが、何といっても民主化は掛声だけの話であって、ちょうど向い側の郵便局が壁の色を黒からクリームに塗りかえただけで中味は少しも変わってないのと同じだと思った。

いまの役所は陳情政治である。平野農相(1)には十三人の秘書がいて、毎日二百人からの陳情者をさばいているそうだが、わたしの私宅にも日曜日など三十七人やってきた。朝から昼食ぬきで夜十二時までかかったが、陳情さえすれば事がうまく運ぶというしきたりには問題があり、これでは行政の構想をねる暇もない。

情実や金が幅をきかせているのも不愉快な話だ。ある日も、ある土建業者が、知人の紹介だといってやってきて小学校の工事を請負わせてくれという。区長を情実取引の周旋屋ぐらいに思いこんでいるらしいので、とんでもないと追い帰したが、都への転入にしても品川が千円、杉並が六百円の相場(2)だときいて、わたしは恐れ入ってしまった。

とにかく役所に染み込んでいる因襲と常識とを、まず打ち破らなければ駄目だ。マンネリズムだけで少しも新鮮味がない。宣伝にしても役人の頭脳から出るのは、楽隊や万歳をトラックにのせて「税を納めましょう」を繰り返すぐらいしか出来ないのだから、「なんなら、おれがサンドウィッチ・マンでもやろうか」といってやった。区議会に予算書を出した時も「三十五秒で作るから」と前置きをして「二世紀もさきを考えて組んだ予算だからずさんな点もあるが、今どきずさんでない予算なんか有り得る筈がない」といったら「大変な区長だ」とえらく評判が悪かった。

区政などは政府や国会の真似をして格式ばるのを止め、もっと気軽にフレッシュにやるべきだと思う。いろいろやってみたが、常識的お役人にはわたしのクリエイティブ・センス（創造的常識とでもいって置こう）はどうも分からないらしい。

元村長だったルナール(3)の日記を読んでみると、公文書を書くのが一番嫌いだと書いているが、うず高く積んでもって来られる書類に判こを押すのは全く閉口する。わたしは憤慨する。わたしは単なるスタンプ・マシンではないからだ。何でも彼でも、上役のところに判こをもらいにやって来る。とりようによっては、これは責任を上役になすりつけることでもあり、上役が部下を信頼せず監視しているといえることだ。これでは伸びのびと能率ある仕事は出来ない。おのおののポストで良心と責任をもって処理するように改めるべきであって、受付の失敗が形式的に区長のところまで責任が廻ってくるなんて、絶対に間違っていると思う。

（1）平野力三（1898〜1981）、農民運動家、政治家、片山哲内閣の農林大臣　（2）当時、東京都は食糧難で転入制限されていたため、区議や役所の有力者に転入を依頼。その謝礼の相場　（3）ジュール・ルナール（1864〜1910）、フランスの小説家

〈×月×日〉

文人の眼・官僚の眼

都庁へ出掛けたついでに銀座へ出た。村松梢風《しょうふう》(1)君に逢う。

「新居が村長になったのはいい。面白いよ」

と、彼はわたしにいった。岸田國士《くにお》(2)君も同様、文芸界の友人知人の見るところはそうであるのに反し、一般世間の人たち、わけても官界、政治界に属する人たちは、参議院議員の方をやればよかったのに、という。

わたしはその二つの物の見方を考えてみた。

文人たちは、人間を、人生を、生活を、より多く具体的に見る。それにたいして、後者の世界に属する人たちは、上だの、下だの、大小だのといった世俗的な標準によって物事を見るからではあるまいか。

わたしも文人たちの物の見方がすきだし、それにわたしは小地域民主化論者でもある。

「ジュール・ルナールも村長だった。しかも、君とは同じぐらいの年配で」

と、文芸界の知人はいった。しかし、わたしはルナールの村長の方がうらやましい。というのは、雑務にわずらわされることがないであろうから。池本喜三夫《きさお》(3)君の『フランス農村物語』をよむと、その国の村長は俸給をもらわない。「名誉職だアね、俸給をもらっちゃなンねえ」という。その代り、てんで役場に顔を出さない。フランスの村役場で有給なのは、小使だけだとのことだ。そんな村長でわたしはありたい。村といっても、杉並村、いや、杉並区はそんなわけにはゆかない。全国で十指をくっするほどの大都市である。それだけに雑務が多いのだ。それだけに事務をしらないわたしには、苦労の種らしい。それが早くもわたしをおびやかしている。

〈×月×日〉
大臣以上の村長さんを

天下国家をいうまえに、わたしはまずわたしの住む町を、民主的で文化的な、楽しく住み心地のよい場所につくり上げたい。日本の民主化はまず小地域から、というのがわたしの平生からの主張なのである。

美しくりっぱな言葉をならべて、いかに憲法だけは民主的に形作っても、日本人の一人々々の頭の中が、相変らず空っぽであり、依存主義であり、封建的であるのでは、なんにもならない。わたしは、日本中のあちこちの村に大臣以上に立派な村長ができたり、代議士以上に信用のできる村議会議員がぞくぞく出てくるようでなくては、本当の民主主義国家の姿ではないと思っている。

農村文化の問題についても、わたしはまず小地域から積みあげてゆくことを望む。まず自分を、そして自分たちの住む部落や村の生活を明るく清く美しく楽しくするには、どうしたらよ

（1）小説家（1889～1961）（2）劇作家（1890～1954）（3）農学者（1899～1988）、『フランス農村物語』は1934年刊行

いか、それを考え究めるところから、本当の農村文化の芽が盛り上がって来るのではないか。

〈×月×日〉

〝陳情政治〟へ思う

わたしのオフィスには、各種各様の人たちが訪ねて来る。そして、いろいろのことをいい、また、頼んでゆく。それもわたしを疲労させる。わたしは陳情政治なるものについて何とか考えなければならぬとしみじみ思った。

知合いのマダムが花をもって来てくれた。わたしの部屋付の娘さんが、それを花びんにさして、窓際に置いてくれた。

その部屋には、頼母木桂吉《たのもぎけいきち》(1)の揮毫《きごう》にかかる扁額がかかっている。「至誠奉公」などというマンネリズムの文字はわたしにも好ましく思われなかった。その代りに、友人の画家のだれかに芸術的感触のゆたかな絵でも描いてもらって、わたしの部屋に、もっと文化的色調を加えたいものだ、と思う。

〈×月×日〉

面白くない〝登庁〟

役所に出かけるのを、新聞などで、登庁といっている。その表現は面白くない。登るとは低いところから高いところへゆくという意味がある。で、登庁という文字は封建的な臭味がつよい。まだ、出庁の方がましだ。だが、庁という字も感じがわるい。何とか民主主義にふさわしい適切な表現があってもよさそうに思った。

そんなことを考えながらオフィスに行った。

街景は春によって彩られていた。花で、若芽で、太陽の光線で、はだに柔らかい風で。

今日が土曜日だったのに、わたしは、それを忘れて弁当をもって行った。午鐘が打って早速退出。帰って、トーマス・マンの『シータの死』をよみ出した。

〈×月×日〉

苦々しい運動風景

都議会、区議会議員選挙投票日の前日である。夕刻『政治新聞』の記者が原稿をとりに来た。そのとき「まあ見に行ってごらんなさい。とても大変ですよ。騒々しいったら、全く言語道断です」「そうかね、じゃあ後刻見学のために出かけてみよう」と、わたしは答えた。

記者のいうとおりであった。文字通り狂奏曲である。わたしはそんな盛観?を、これまで見たことがなかった。ある人はそれを評して、選挙祭といった。また、他の人は昔の温泉場町の

(1) 政治家・実業家(1867〜1940)、報知新聞社社長、東京市長など

駅頭の客引同様だといった。

ある候補者の運動員は酒に酔ってフラフラな両脚をしっかと踏ん張り、メガフォンを口にあて、上半身を振りながら、ろれつのまわらぬ調子で「どうかみなさん、××にあなたの清き一票をお願いします」と叫んでいる。

区内で立候補した都議会議員二十何名、それに区議会議員の九十八名かのうちの相当数が、高円寺駅頭の北口、南口、大通りで、しかも幾人かずつの運動員がおのがじし[1]に、口で、マイクを通じて叫んでいるのである。混雑乱戦、たれがたれやら、何が何やら分からないといいたいくらいだ。規則も何もあったものではない。往来に行進中はプラカードは文字が見えないようにしてもらって歩かねばならないはずであるのに、あらわに高く揚げて歩く。トラックを持ち出しているものがある。それは祭でいえば屋台ばやしの感じである。

青年男女がずいぶん運動に参加しているのを見た。共産党の立候補者に若い女性たちが大いに運動につとめていたのはもちろんだが、保守党、無党の候補者たちにも、若い女性がマイクをとおして、またメガフォンで怒鳴っている。メガフォンを片手に肩で風を切って通っている若い女性にも出あった。子供たちまでが頼まれたのか自発的なのか、大人の真似してメガフォンで「××にお投票下さい」と叫びながら、横町の路地へ曲って行った。

一人の若い女性は、ある候補者のために町を怒鳴って歩いている。するとその女性と同窓の青年は女性に向って怒鳴る、「君は校長先生のご恩を忘れたか」女性の方はこそこそ逃げるといった挿話を、街でわたしは聞いた。そうした叫びは夜おそくまでつづいた。

こんな状態ではいけない。なんとかもっと道理にあったようにしなければならぬと思った。

〈×月×日〉

モンテーニュの政治論

関根秀雄氏(2)が贈ってくれた『賢者と政治―（傍題）モンテーニュの政治論』をわたしは興味ふかくよんだ。

サント・ブーヴ(3)が「毎晩モンテーニュを一ページずつよみ直そうではないか」とフランス人にすすめていると、書いている。

モンテーニュは極めてさわがしい不穏な時代に生きたという。

「三十年このかた、われわれが在るところのこういう混乱の中で、フランス人というフランス人は、個々としても、全体としても皆な、毎晩毎瞬、その運命の完全な覆滅にひんせるを覚っている」という文章をよんで、それがちょうど、わたしたちの在る今日、その今日の毎時毎瞬にも似ているような気がした。

わたしはよし、なる動機が冗談のようなことから村長になったにせよ、なってみれば同じことだ。『随想録』で知られ、隠棲生活をしていたとのみ、わたしに考えられていたモンテーニュがボルドー市の市長をしていたことが分かった。

（1）それぞれに　（2）ルネサンスの代表的思想家であるモンテーニュの研究家（1895〜1987）　（3）フランスの文芸評論家、小説家、詩人。ロマン主義を代表する作家（1804〜1869）

すると、モンテーニュは世塵をさけて彼の文庫裏に籠って、彼の随想録だけを書いていたのではなかった。

彼は郷土の政治に関与していたのだ。杉並区は、わたしの郷里そのものではない。しかし、わたしにとっては郷里以上の郷里である。いうところの第二の郷里よりも深い愛着を感じている。

わたしは関根さんのご本を今、味読している。そしてわたしは、彼の政治に関する考察から多くの示唆を汲みとりたいと思う。

〈×月×日〉

開校式の日のこと

新制中学開校式に告辞をのべにゆくことになった。わたしは文筆をもって来た関係上、告辞は自分で筆を執った。以前の高等小学校一、二年、中学の一年を合したものが、新制中学の生徒たちである。そうだとすると、せいぜい平明な表現をとらねばならないと考えた。そんなところが、文人区長と新聞辞令をもらったわたしにとっての一つの配慮なのかもしれない。

「民主主義と申しますのは、まじめであることです、正直であることです。けっしてうそをつかないことです」といった風にわたしは告辞をかいた。もっとも、それはほかの人たちに代読してもらうためであるが、わたし自身は東田中学校ではそれを大体の骨組にしてお話をした。

わたしの話がすんで、校長が壇に立った。生徒たちと父兄たちは校庭に立っていた。わたしは若葉もえる緑の森に目をやっていた。美しい季節ということを考えていた。

その快い思いは、二人の教師が生徒の立ち並ぶ列中にかけ込んでゆくのを見て破れた。生徒の一人が急に倒れたのだ。医療室にかつぎ込まれた。わたしは心配してすぐ後を追うた。

「脳貧血なのでしょう、平生から身体の弱い子ですから」と説明された。

大したことでもなさそうなので二人は席にもどったが、しばらくすると、またしても一人の生徒が倒れた。空は薄雲りがしていた。暑くもない、寒くもない、全くの好季節なのに、二人まで生徒が倒れた。わたしは栄養失調、少なくとも不足から来たのではないかと、心が暗くなった。教育もさることながら、まず身体だ。生徒たちがあんな風に倒れるように弱くてはいけない、としみじみ思った。倒れた生徒たちを見舞い、くれぐれも手厚い看護を頼んで帰途についた。

学校の付近には田や畑地がひろがっていた。農夫が苗床をつくろうとして稲をまいていた。どこかで蛙が鳴いていた。小さな流れがあった。その橋の上で少女が草履袋が流れるといって泣いている。見ると袋が流れていた。わたしたちは棒切れでそれを拾って渡した。

「さあ泣かないでお帰り」といった。

少女はまだ「お母さんにしかられる」といって泣いている。

「お母さんはもうしかりはしないよ」となぐさめたが「草履が切れちゃった」といって、まだ泣き止めなかった。わたしは「お母さんはしかりはしないよ」とくり返しなぐさめた。ぬれた草履袋をぶら下げて少女は帰りかけた。彼女の背には真新しいランドセルが背負われていた。小学一年生の女生徒であった。

少女と別れて帰る途、当選感謝というはり紙を見た。それはもと国民学校の校長さんのものだときいた。感謝は何としても可笑しい。娯楽を誤楽と書くのと同じような間違いだと思った。

〈×月×日〉

映画のプロデュース

朝早く岡田君が来た。きょうから彼のモデルになってあげることにしたからだ。岡田君は、肖像を好んで描く画家である。そのために今日以後の幾日かは朝起きが出来るというものだ。

十時過ぎオフィスに出かける。理研文化ニュースが、あなた方のプランになる少年の町を文化映画にとりたいから、という電話。「何分にもまだプランの程度で、具体的に事業に着手していないのだから」と答えたが、「とにかく訪れる」とのことであった。

オフィスに来た文化ニュースの方と、いろいろ相談した。何だかプロデューサーのようだ。

きょうは蠟山《ろうやま》政道[1]君と堀真琴[2]君とに来てもらって、区民たちに役所の講堂で、新憲法講演をしてもらうことにした。両君の講演は聴衆たちによい贈物になったらしい。

〈×月×日〉

役所の建物も生きている

何かの用向きで、わたしは農林省の食糧関係の係の技官を役所に訪ねたことがあったが、そのとき、わたしは役所のたたずまいというものによって、陰鬱なものをしみじみ感じたことがあった。どこの役所も大同小異なのであるが、区役所に通いはじめて、役所のたたずまいなり、雰囲気なりに親しめそうもないことが、まず感じられた。それは日を追うて薄らぐかと思ったが、逆につよくなって行った。

トレーラー・バスに乗って、役所の前で降りる。あの煤いろの役所の色が軽いショックをわたしに与えるのだった。建物はかなり立派なのだから、あの陰気な迷彩がそれをクリーム色か白色に塗り替えられたら、多少明るくなれるのにとは思ったが、それは敗戦後にとっては仇な希望だった。焼けた役所に比べると、焼けないだけでもどんなによいことかと思い諦めはしたものの、やはり受ける感じはいいものではない。役所の中の人たちつまり吏員の、つまり因襲と横柄さとすべての欠点そのものが、ひいては建物の感じにも滲み出ているのだろうか、と思ってもみる。

〈×月×日〉

オフィスの裸婦図

伊原宇三郎[3]画伯の滞仏作品で、しかも氏自身が快作とされている裸婦の図（六十号）が、わ

（1）政治学者（1895〜1980）、現代行政学の創始者、お茶の水女子大学学長など　（2）政治学者（1898〜1980）、参議院議員（社会党）など　（3）洋画家（1894〜1976）

たしのオフィスの壁に掲げられた。それは同郷のよしみのある彼の好意で、わたしの在任中貸してくれたのである。その絵の芸術性が、わたしを落着かしてくれるのは有難い。わたしは机上の雑務に疲れてひとみをあげては、その絵を心よく鑑賞しているのである。その絵によってオフィスの部屋が急に明るくなり、上品なニュアンスが漂い出した。

なお伊原さんは、別に額にはる淡彩のものを描いてくれることになっているのだ。中村吉右衛門丈は「うぐひすをろばたで聞くもうれしけれ」とかいた短冊を寄せてくれた。どうやら、文化地域を目標する区のオフィスらしくなって来た。

〈×月×日〉

自分のことなのに……

「区長さん、転入したいのですが、どうしたらよいでしょうか」

と、いって来た人がある。転入係へ行くように教えてから、転入に必要な用紙をもっていますかときくと、何ももっていない。そうかと思うと、

「区長！こんな高い税金が払えますかッ！」

と、怒ってくる。事情をきいてから答える。

「それは税務所へ行って下さい」

「そうですか。どうも済みませんでした」

と、帰って行く。自分の用件をどこへもっていってよいかさえ分かっていない。こういう愛すべき人たちが無数にいる。

杉並区には、インテリ即ち文化人が実に多く、なるほど大学が出来ても先生にちっとも困らない。しかしこれら文化人には、いわゆる常識が欠けていて全く心もとない。ある大学教授は地質学には造詣が深いが、転入のこととなるとどうしてよいか分からず、ある学者は国際経済は弁説さわやかだが、自分の住んでいる区については何も知っていない。この区の文化人は、小地域の民主化には全然関心がない。そして、下手な将棋さしみたいなプチ・ポリティシアン（小政治家）が飛びまわっているのである。

先日、通りの商店のおかみさんが、転入のことをたのみに私宅にやって来たことがあった。配給を貰えないのが辛いから何とかしてくれ、と真剣な顔付きだった。

「杉並は、都からの転入割当がどうにもなりませんから、残念ですが」と断り、役所に行くようにいってみた。陳情が多くてとても自分まで取り合って頂けません、という。

「もっとも、割当のわりに、転入の比較的少ない区もあるようですが。焼けた区ではね」

一日入りやすい区に入って、それから都内の移動は簡単ですから、とわたしははっきり教えるわけにはゆかないが、暗に指示を与えたけれど、真正面から一直線にたのみ込んできたおかみさんにはそれが分からずプンプンして、また一直線にすたすた帰って行った。

〈×月×日〉
ひとりの孤児

わたしの宅へ、若い婦人が浮浪児をつれてきた。戦災のために両親を失った孤児である。若い婦人は、かつて育児院に奉職していたことがあるとかで、彼女の許へ育児院から逃げだしたその少年が身を寄せたので、その善後策をわたしの家に相談にきたのだった。

「頭のいい、よくできる子なんです。わたしは決心して、自分の手元で養いたいと思うのですが、それにしては、わたくし生計が豊かでないものですから」

少年は、怜悧な顔付と目付をしていた。わたしは、こんな子供が浮浪児にならねばならなかったのを、うるわし気に感じた。

身寄りのない子供が、浮浪児になったといって、それはその子供の罪だろうか。このひとりの孤児は、数限りない多くの不幸な子供を代表しているように思えた。


〈×月×日〉
愛児のために手をつなごう

わたしは、母の会で次のような講演をした。

フラナガン神父[1]の考えは、孟子のとなえた性善説に似たところがあるようだということ。孟子は、人間の性質は善なのだが、わるいことをするのは、物欲が善なるものをおおうからだとするのである。反対に荀子という人は、性悪説を唱えて、人間の性質はもともとわるいので、世間で善とするものは偽りだというのである。人性が善なのか悪なのか、そんなぎろんは別として、わたしは少年たちは、みんないい子だと思いたい。それはフラガナン師と同じことだ。人間の性質がわるいのだと考えるようなことは、わたしにはたえられない。わるいのかも知れないにしても、わたしはよいのだと考えたい。

というより、わたしは子供のこころは白紙だとしておきたい。それがわるくなるのは、環境のせいだとしたい。もっとも、その環境は社会や家庭だけのものとは思わない。遺伝もあろう。親たちの不行跡から、あるいは性病などから白痴の子供が生まれたり、不良の子が出来たということも、一種の環境ではないだろうか。そうした運命の子は気の毒だと思う。親の罪である。だから、親たちは、愛児のために自分自身を大切にしなければならない。

わたしはある村で、畸形で、発育不完全な、というよりも全然白痴の子供たちが、一家に、三人もいるのを見ておどろき、ひとりでさえも気の毒なのに、三人までもと思ったとき、ぞッとした。わたしはその親の不身持ちがたたったのではないかと思い、それとなく村の人にきいてみると、原因はやっぱり想像したとおりだった。清純で健康な両親からは、そうした子供たちが生まれるわけはないからだ。愛児のためというのは、愛児がそこに出現してからはじまる問題ではない。

（1）エドワード・ジョゼフ・フラナガン（１８８６〜１９４８）、カトリック教会の聖職者で社会事業家、「少年の町」という少年たちの更生自立支援施設を作ったことで知られる（本書１７５頁参照）

今日の子供たちが、ひどく不良化の傾向にあることは、わたしもみとめる。多く説明するまでもない。戦争によって家を焼かれ、両親を失い、それに身寄りもない子が、浮浪児になったとて、それはその子の罪だろうか。

わたしは、ある新聞からきかれたのだが、近ごろ少年たちの富くじを買う傾向が、児童心理に悪影響を与えるかという質問には、わたしは一応うなずける。児童たちのお小遣いでも買える富くじもあったし、悪性インフレの結果、金のねうちがなくなったので、以前の標準で考えると、相当のものになるからだ。ある日、わたしは、いたいけな子供がおかあさんに泣きながらお小遣いをねだっているのを見た。

「一円ぽっちじゃ、何も買えやしない、十円おくれよ」

そんなわけで、戦争中戦争ごっこをやった児童たちが、やみ商人のまねをして遊んでいたにしても、べつにおかしいことはない。社会の悪環境やまた家庭の事情、つまり生活のさまざまな不自由、第一食物が不足がちなところから、食べざかりの児童たちは、えさを争いもとめるひな鳥のように「にいさんはご飯を何杯たべたよ」といった指摘さえやりはじめるという話、小部屋に大ぜい雑居の話、学校の問題、児童の自治の問題、等々。

最後に、小学校の先生が無せんたくに、児童に映画をみせる風のあることなど話して、学校以外で家庭も往来も、どこでもが教室でありうるはずだから、と結んだ。

〈×月×日〉
〝塵世〟〝浮世〟を体験する

彼らはいう。――君は理想主義者だから現実を知らぬ、と。だが、わたしはそれに対してこう抗弁することが出来る。

わたしが現実を知らぬというのは間違っている。ただ、君等と現実の認識に相違があるだけだ。そしてわたしは昂然としていい放った。

君等の現実の認識とは、旧態依然たる現実が対象ではないか、それに反してわたしのは、進行形においてなされるのだ、と。

右の言葉にはいささか思い上ったひびきが受けとられなくもない。だが、わたしは徒《いたず》らに壮言しているつもりではないのだ。わたしは、そのように信じている。そこまでわたしが敢えていい切りたいのは、わたしには彼らの思惟する現実が、そんなものがいつまでも現実だとは思えないし、また思いたくもないからだ。

現実は停止形のものではない。時々に変り、刻々に動いているからだ。その進行形において把握するのでなければ、現実の実体は分からない筈ではないか。しかも現代は激動している。だとすれば、現実もまた激動し移変しているとみなければならぬ。

理想は現実からの歩一歩にすぎないではないか。理想主義とか現実主義とかいって、区画を引くほどのものでないではないか。

彼らはわたしに向っていう。

「君には行政力がない」と。わたしはあると答える。行政が狭隘な固定観念によって取扱われるものなら、わたしはそんなものはないとはっきりいいたい。またもっていたくもない。わたしが考えたいのは、新しい行政とは何かということなのだ。行政にたいしても、わたしは彼らと根本的に異なる観念をもっているつもりだ。彼らが正しいかわたしが正しいかは別問題にして、わたしは彼らと考え方にかなり差異のあることを感じる。

むかしは観照することがわたしの世界だった。しかし今は行為の人となっている。

行為の人となって百日内外、わたしは数多い経験をした。無益のものも少なくなかったが、有益なものもあった。

わたしはいちじるしく観照の態度を失ったことを寂しく思うが、いわゆる世間なるものをいささか知ったのはよい。本質的には知らなくてもよい世間だが、しかしそれが実存していることを知ったのも有益でなくもない。

所詮人の世とは、大体こんなものかということだ。ギリシャ、ローマ、いやそれ以前から衆庶の生活には大して変りもないにちがいない。

浮世という言葉がある。伝説によれば、この世は浮いて定めのないものとみてのことだとするからだ。わたしもまずそんなものだと思っている。そのうきよを憂世ともいう。人の世のなかは憂きことが多いからだ。だが、わたしは憂きはとらない。憂しと思えば憂きことが多いかもしれないが、何とも思われなければ別に憂しとも思えない。ただ、雑々たる点からみれば、塵世であり、ふわふわした点からみれば浮世であるとすることには同感出来る。

区長たること百日にして成程、塵世であり、浮世であることを体験として分かったことはたしかに一つの収穫である。

わたしのような呑気者、世間知らずの人間がとにも角にも、浮世なるものの一面を知りえたのはたしかに面白いといっていい。

わたしは彼らには何も与えないかも知らないが、彼らはわたしに色々の事を与えてくれた。彼らは、わたしを変な奴と思うかもしれないが、わたしは彼らを面白がっている。

〈×月×日〉ネクタイを二本結ぶ

杉並区が模範的な保健所の指定地となった。それについては具体的にどういう風に運営してゆくべきかの協議が、荻窪の都立第四保健所講堂で開かれた。厚生省や都庁から関係者たちもかなり来た。都の小山衛生局長に座長になって協議を運んでもらった。わたしは、この問題の主体は民衆であり、それの保健に在るのだから杉並という地区的観念は少しもさしはさむべきでなく、全国的構想の上にあるべきだと思う。われわれ地区のものは出来るだけ協力してモデル・ヘルス・センターたるの実を挙げたいものだ、といった。隣席の米婦人は感じのいい、穏やかな方だった。

正午過ぎ、わたしは車を飛ばして衆議院内民主政治教育連盟で計画した映画コンクール審査員の打ち合せ会にかけつけた。寄りはわるかった。わたしは池田義信君(1)に向っていった。

「君だとか僕などは、撞球《どうきゅう》(2)の球のように動かされているせいかよく逢うね。ゴム鞠がバウンドしているように動いているといってもいいわけだ。全くいいことかわるいことか分からぬがね」

そういうと、池田君も同意して笑っていた。

そこから、わたしはまた車を神田駅まで走らせて、大宮行の電車を待つことにした。省線(3)の歩廊で岩佐作太郎君(4)がサンドウィッチマンをして『平民新聞』(5)を売っていた。ベレー帽を冠って例のにこやかな温顔で。わたしは岩佐君としばらく話し合った。その間にも『平民新聞』、なかなか売行がよい。

でも、歩廊を往き来する人々は、岩佐君が誰であるかを知らないらしい。

四時きっかり、わたしは大宮駅に着き、駅長室に行って「わたしは新居格《にいかく》だが、国鉄大宮労組支部主催の労働講座があるので来たのです」というと、駅員たちは一向そんな催しをきかないという。そんな筈はないと思ったが、電話をかけてもらっても分からぬとのこと。仕方がないから、わたしは帰ろうと思った。しかし、約束によって来たのだから、後日、来たことが分かる証拠にと考えたので名刺を出した。

すると、駅員は「新居《あらい》先生ですか、失礼しました」というのでやっと話が通じたのだった。

わたしは一人の人に案内され、駅からかなり距離のある会場に向った。

九時過ぎ家に帰りついたが、ひどく疲れてしまった。娘がいった。

「お父さん、ネクタイを二本もしているのね」

そういわれて手をふれると、二本結んでいた。どうしてそうなったのか、分からない。一方の部屋で結んだのを忘れて、洋服箪笥のところへ行ってもう一本をとり出して、結んだものらしい。わたしは一向鏡は見ない。そのためにこんなことになったのだが、それにしても、その日は朝から相当多くの人に逢ったのに、誰からも指摘されなかった。

「ネクタイを締めるのを忘れて道ゆく人は往々あるが、ネクタイを二本結んで歩いていた男なんて、そうたんとはあるまいな」と娘にいうと、「そうだわ、お父さんぐらいのものよ。でも、お父さんは変りもので通っているのだから、見つけても誰も不思議とは思わないわ」と、答えた。

以前、こんなことがあった。

「新居さん、ネクタイが変だぜ」

と、いう。

「そうか、俺のネクタイが曲ってでもいるのかね」

「そうじゃないんだ。いつも左の方か右の方か、どちらかに曲っているのに、きょうに限って真っ直ぐにキチンとなっているから、変だよといったわけだ」

そのときは、ネクタイは一本だった。二本締めているのを、その男にみつけられようものなら、何というであろう?とわたしは、その男を思い浮べたのであった。

(1) 映画監督(1892~1973) (2) ビリヤード (3) 後の国鉄、鉄道省の管轄 (4) アナキスト(1879~1967)、日本アナキスト連盟全国委員長、のちアナキストクラブ設立 (5) 同連盟機関紙

〈×月×日〉

正面からくればいいのに

わたしをリコールする運動が行われているといって来る人があった。それは自治法第八十六条に、選挙権を有する者は、政令の定めるところによりその総数の三分の一以上の者の連署を以てその代表者から地方公共団体の長の解職を請求することができるというのに拠ったものだ。まさかとは思うが、ほんとうなら、ご苦労さまだと申し上げたい。そんなことをしないで、なぜ端的にこの俺に不信任案を投げつけないのか。こんなことをすると、あいつは解散するかも知れん、とでも思うのか。俺は必ずする、それをもっているのだともいいたい。選挙には金が要るから、というかも知れない。しかしコツコツ抗道を掘るなんて、けち臭いにも程がある。それあ大変なことだ。暇と手間のかかることは大変なものだ。まさか、とわたしは笑った。

わたしはいずれにせよ、そんなことは気にもとめたくはないが、そんな噂がとび出すだけでも気の毒に思う。わたしは一小地域のことに別にこだわる何の理由もない。そうしてつき出してくれたなら仕合せとさえ思い、却ってよろこんでいる。ただ、男らしくないやり方を大人はするものではないと思うだけだ。

〈×月×日〉

額の文字

佐藤一斎[1]の語に「以㆓春風㆒接㆑人」という言葉がある。とくに、とかくとんがって人々が物をいい合うときに、人々は座右の銘としてよさそうに思う。わたしは、それを短冊にかいて、わたしのオフィスの部屋の事務机の上に置いた。

まさか、来客の方へ向けておくわけにもゆかないからだ。

佐藤一斎の右の文字は、金森徳次郎[2]氏の文章によって知った。同氏はそれを座右の銘にして居るとかいてあった。わたしの部屋には頼母木桂吉氏の揮毫による扁額がかかっていた。それには「至誠奉公」とあった。そんなのは、あまりにも常套句なので、わたしはそれを外ずしてしまった。その代りに、金森君に「以㆓春風㆒接㆑人」を揮毫してもらって、額にしてかけて置いた方がどれだけよいか分からぬと思った。

〈×月×日〉

明るい手紙

一女性から手紙を寄せられた。「区長さんのお陰で、わたしたち一家には本当に春が来たようでございます。主人はよろこんでお勤めに出てまいります。わたしは手を振って主人を送り出すと、踊り出したくなるようでございます。子供たちと散歩に出ると、道端に咲いている野

（1）幕末の儒者・漢学者（1772〜1859）（2）憲法学者（1886〜1959）

の花も、流れている小川の水も、まるでわたしたちに微笑みかけているようでございます。わたしは、子供たちと一緒に歌をうたい出します。わたしは元来、のんきものなのでございましょう。貧しいながら、いろいろな夢を描いて、倖せに暮しております」という意味の便箋数枚の明るいユーモラスな手紙であった。

わたしは、先日区長室へやって来た女性を思い出した。いかにも質素な服装をしていた彼女は、主人が着るものがなくて職を見つけようにも外出できないから、何とかして頂けませんでしょうか、というのである。もう暖かですから上着はいりません。ズボンだけで結構なのですが、と卒直な訴えであった。わたしは戦争中はいていた国防色の上質の木綿の上着とズボンとを、もっていった。

この服はすでに相当くたびれてはいるが、まだまだ上等である。わたしはこの服を着て、オフィスからの帰路、鍬をかついで、阿佐ケ谷の畑を耕しに行ったものだった。

そして、また、都心で会合する区長会議にも、折目もつかない労働服そのままで、平気で出席もした。銀座も歩いた。

焼あとには、復興も遅れ、人々の心もまだ困乱している中で、この女性は何とささやかなよろこびに浸っているのだろう。野の花のように邪心もない。

〈×月×日〉

子供の世界

「少年の町」発会式委員長となる。

今日の日本で子供の問題が何よりも大切だという意見は、だれにも異議はない。そしてまた子供たち、子供の世界のためには、ねっしんに力をつくし、つくそうとしている人たちも数多い。ただいろいろの、そのための計画が思うようにゆかぬのではないかと思う。それには、日本の経済がよくないことにも原因があるであろう。子供の世界は重大だけれど未来のことだという気が、何となくしているからでもあろう。そして大人たちは、毎日のさしあたってのことに手一杯になっているようにも見える。それも無理のない話だが、子供の世界は未来のものであるとともに現在の大問題でもある。

義務教育は何から何まで国庫ふたんであるべき筈だが、国家財政が非常にゆたかでない。だから、小学校、新制中学校の建築、備品その他についての父兄のふたんが実におびただしい。その日その日の生計が、安易でないときに重過ぎる。しかも度重なる寄付行為は、泣面に蜂の感じがつよい。それでも子供可愛さのために寄付するのである。子供の世界、学童のそれよりももっとひろい世界の問題にもいろいろある。未懐胎児の問題として優生保護若くは産児制限のそれがある。日本の現在の人口八千二百万以上で、毎年百五、六十万の人口増加があるとすれば、これも考えないわけにゆかない。アメリカでは以前産児制限といっていたが、近ごろでは計画的両親といっている。あとの方のいいかたが、よりよいのはいうまでもない。

戦災孤児、浮浪児、児童の不良化などの問題も、それぞれに由々しいものがある。

子供の町の問題がとりあげられ、わたしたちは住める地域全般にかけて子供の町を開展した。もっとも、これは一つの精神運動であり、啓蒙運動であった。その精神が一粒の種となって自発的に萌え出ずることを期待したい。だが、今にして目に見えない効果はないでもなく、目に見えての胎動もある。にもかかわらず、わたしたちは世間から非難されているらしい。というのは、何と大ぼらを吹いて子供の町などといいながら何が実現するか、というのがそれだ。それは「あの家だよ、子供の家は。そしてそこでは如何に設備され、如何に運営されているか、どうだね」という。形が具象的にあらわれないと駄目とされるようである。わたしどもはそうした非難を恐れるものではないが、それにしてもその運動をはじめる人々は相寄り相あつまって幾たびか検討し、それにもとずいて、新しい具体的方針と実施とを研究しなければならぬと思っている。

それはただ単に子供の町だけの問題ではなく、日本にとって何よりも大切な子供の世界全体にもおよぶべきだと思っている。

繰返しいうが、子供の問題こそ、日本にとって何よりも大切なものなのである。

〈×月×日〉

魔法のつえ酵素肥料

日本放送協会厚生課の八木恒穫君に招かれて、富士見丘農場へ出かけた。久我山のはずれである。雨にぬれた武蔵野の傾斜道は車が空転してどうしても登れないので、バックして迂回した。杉並もそうしたスカートになると、わたしの平生ふれている杉並とは、ひどく違う感じになって来る。どこか地方へ旅行でもしているような気がした。

わたしたちは、酵素肥料を試験的に使って麦や小麦をつくっている畑を見学した。わたしは酵素肥料のこともきいた。八木君は蛋白源として、大豆に酵素菌を培養させてつくったのだといった。酵素肥料はいまのところ、肥料の範囲にはいっていないが、それを使うと反当り麦が三十俵、水稲が二十俵もとれる。でなければ、麦は反四、五俵、水稲なら五俵程度の収穫しかないのが、普通だそうである。

すると酵素肥料は、いってみれば、魔法のつえのような効力があるといえる。昔なら切支丹《きりしたん》伴天連《ばてれん》の魔法ということになるのかも知れない。この酵素肥料は、柴田欣志が思いついたのだそうである。すでにそれを用いているところも、部分的にはある。例えば、磐陽会が福島県の田畑というところで、日本放送協会厚生課では区内富士見丘農場で実験しつつある。わたしはそれを見学に行ったのだ。

放送協会会長高野岩三郎(1)先生や権田保之助君(2)も、その場に臨まれた。雨がしとしと、戸外では降っていた。杉並区内ではなく、どこかの村にでもいっているように落着けた。

わたしは村が好きらしい。この意味で、わたしはやっぱり村長でありたかった。区内に村があればいいのにと、しみじみ思ったのであった。

(1) 統計学者(1871~1949)、兄は労働運動家の房太郎　(2) 社会学者(1887~1951)、大衆娯楽の研究など

〈×月×日〉
区長意識

区長となってから早くも四ケ月を過ぎた。早いものである。その間に何を感想したか。それはまったくいろいろある。だが、わたしは実をいえば、そんなことを一々洩したくはない。というのは、わたしはそれを区長として感じたのではなく、ひとりの人間として感じたのに過ぎないし、人間として感じたことを、わたしは特に区長として述べたくないからだ。総じて感じたことは、感じたままじっと堪えて置いて、それを反省したり、批判したりしてみる必要があると思うからだ。もともと、わたしには区長意識というものは微塵もないのだから、区長としての特別の雑感はないわけである。

それにわたしは、仮にあったところで、他人に触れたことはいいたくない。それは何も他人にたいする遠慮からではない。わたしは、いいたいことがあれば大抵の場合、卒直にいってのけているつもりだ。だから、遠慮などはしないのだが、それでいて他人のことに触れたくない気持ちはつよい。わたしは相当口がわるいから、口では時にはボスとか大ボス小ボスなどといい放つ。しかし、腹の中では口程でもなく、わたしは人間は誰も面白く、人それぞれに、よかれあしかれ風味のあるものとさえ思っている。わたしは、好んでわたしの悪口をいう人も、実は面白いのだ。というのは、それによって別に傷ついた気もしないからである。わたしは、悪口をいわれる以前に既にわたし自身で、つねに深い反省と自重をもっているからである。

〈×月×日〉

野外ダンス・パーティ

野外のダンス・パーティが後楽園で催される。踊るものは職場の人たち、レクリエーションの夕である。東京都庁の後援によるところをみると、特にそう思われる。

野外のダンス・パーティは既にもたれたということであるが、わたしはまだ日本では見たことはない。しかし、わたしはそれを想像することで楽しめる。しかもその日は七月の半ばころとのことであれば、晩涼の風がさわやかに吹き出すころであり、おもむろに暮れていく薄明の快い季節である。

音楽につれて踏むステップに心も軽くなるであろう。空の星も踊り出すかも知れない。星のまたたきは、星の音楽でもあろう。そのとき、地上では野外ダンスが行われているのだ。「夜のタンゴ」である。踊る職場の人たちの夜の野外ダンスは、レクリエーションの詩であるかも知れない。

明日の仕事に備う英気のダンスである。よろこびは地から湧き、踊る人々から陽気と快活が発光し、空の星は拍手もしよう。

踊って憩うときの明るい気軽さ、それは人間の生活にとっての美徳である。

地上に展開された多数者のステップの交響楽、素晴らしい交歓の一大絵図、それは日本再建の前夜の響宴ともいえよう。

人々は心置きなく踊るがいい。夜気も快いものとなろう。

野外のダンス・パーティ——それは星をちりばめた大きな自然の、大きなホールと見てもよい。

わたしは、野外のダンス・パーティを、この国日本ではまだ見たことがない。それだけに、その催しを興味深く想像する。かつて見た夜の野外のダンス・パーティを思い返しながら。

この種の企ては、出来ることならたびたび催されてしかるべきであると考える。


〈×月×日〉

文学少女のダンサー

毎日新聞社主催の「物価引下げ運動について」の座談会に出席した。肩書の区長はやめてもらって、評論家にしてもらうことにした。散会して、わたしは街を散歩した。二、三の友と喫茶店に入って閑談していると、わたしらしい心の姿に帰って来るような気がして、寛ぐことが出来た。毎日新聞社の前で、深尾須磨子(1)さんに会った。久しぶりである。何年ぶりのことやら。銀座へ道をとる。銀座教会には夕日が当っていた。光線がみずみずしい若葉をひろげているツタが美しかった。

伊東屋へ原稿用紙を買いに行ったが、その高いのにいささかびっくりした。ついでに、メリーゴールドをのぞいた。わたしは十回ばかり踊った。汗が流れた。スポーツをしたような気になった。時にダンスをするのもよさそうだなと思う。きょうはHさんは来ていなかった。彼女は十九の春、わたしは彼女が雑誌記者時代に小説をよんであげていた。年に似合わず考え深い子で、文学を熱心に勉強していた。しっかりもしている。数日前、ここのダンサーになっていると聞いた。その後、わたしは彼女に逢ってダンサーの社会から足を洗うようにすすめた。

「キミはしっかりしているから大丈夫だとは思うが、出来ることならもっとキミの性格にふさわしい職業に転じたら」

「家族が、多いのです。だから、すきこのんでいるわけではないのですけれど、仕方がありませんわ。今の世はつろうございますわ。先生、生活ということについては、ほんとうに胸がいたみます」

暗然として、年若き彼女はこう嘆じた。わたしは、十九にしかならぬ長女の彼女の重荷を思うと、わたしも心が曇りもした。利口で、考えぶかい彼女、神様、彼女にあんまり心配がかかりませぬようにと思わないわけにゆかなかった。

彼女が読みたいというワンダ・ワシレフスカヤ(2)をあげようと思ってボストンバッグに入れて行ってあげたのに、どうやら、彼女はホールには出勤していないらしく、さがしてみたが彼女の姿は見あたらなかった。

(1) 詩人(1888~1974) (2) ポーランドの小説家(1905~1964)

〈×月×日〉

ボス、農地視察に赴く

部屋の事務机の前に、どやどやと大勢の人たちが入り込んで来た。それは農民たちであった。その人たちから、何かしら憤懣の気配が感じられた。

その人々のうちで体格のいい、年配の落着きを見せていたひとりの農民が、代表して来意を告げた。それは外でもない、大多数で通過した議案についてであった。区画整理地を農地改革の対象から除外しようというのである。そして、それは彼ら小農民にとっては、相当衝撃を与えた問題らしかった。

「区長は農地買収計画について、どんな意見をもっていられますか」

と、その男は訊いた。

「ここの地域は大都市ですから、埼玉や茨城、千葉などとちがい、農地調整法も特別法規があってしかるべきですよ。ところでそれは、そうなっていない。そこに一つの無理があると思いますが、それはそれとして、わたしは公会堂、学校、公園その他公共のもろもろの施設をあらかじめ考えておいて、その余りはいやしくも農地に適するところは、農地として出来るだけ買収するのがよいと思うのですよ」

「そういう意見なら、われわれも同感です。ところが、先日役所側では、土地の有力者を自動車にのっけて案内し、揚句の果ては御馳走までしたというではありませんか？」

わたしはその事を知らない。というのは、わたしは何かの用向きで都心に出かけて留守だったのだから、ざっくばらんに答えた。

「そんな事はちっとも存じません」

すると、若い農夫は言葉をついだ。

「助役もついていたが、あいつらは料理屋に行くことだけは気がひけたとみえて、料理屋で仕出しして、寺で御馳走したとききましたが」

「それもわたしは知りません。しかし、なぜ某なる有力者を追放の身ながら案内したのであろう。それは実に怪しからん」

「それですよ。あの連中の策略でさ」

農民たちのわたしに対する要求は、区長自ら一度農地帯を視察してほしいというのだった。わたしは、彼らのいうこともっともだと思い、後日を確約した。


〈×月×日〉

わたしは、農民への約束をまもって、自動車を馳って農地帯に行ってみた。車が街からはなれて、だんだんひろびろとする農地帯に出ると、杉並区の広さをつくづく感じさせてくれる。実にのどかな田園風景ではあるが、さて農民にしてみれば、ボスの私腹をこやすような三業地に買収されることは、不満も大きく、生活への脅威でもあった。

ボスたちは、肝心な場所で下車もせずに自動車をとばし、視察とは名のみ、ひたすら飲み食いに急いだ様子だったらしい。

〈×月×日〉
送られた郵便切手

ある日、わたしは一人の少女らしい筆つきの誤字や当て字の多い、きわめて稚拙な、だが、わたしの胸を打つ真実のこもった一通の手紙を受けとった。

「いろいろと考えてどうしても先生におすがりするよりほかにないと存じて決心しておすがり申し、こうして手を合せて切にせつにおねがい申し上げる次第でございます」という書き出しで、一家の窮状をつぶさにのべてあった。次第というのを至代といったような当て字は随所にあるが、しかしわたしは打たれるものがあった。塩乾物の許可証さえ手に入れば何とか一家がたべてゆけるのに、そして病気の小さい妹に玉子の一つも買ってやれるのにと兄さんは泣いて申しました。区が違うとお逃げにならないでなんとかして下さいませ、といった手紙、かなり長い手紙。

わたしは塩乾物の許可は都庁の方の事務ですから、都庁へ参ったとき、出来ますかどうか存じませんが、話してみてあげましょう、と返事をその少女に差出した。

すると、日を経て、

「たとえ、このせつないのぞみがかないませんでも、お情け深いお方が区長さんになられたことを心からうれしく存じます。お仕事がたくさんおありになりますのに、おたよりを下さいますことだけでどんなに力づよく、お情けに泣いたことでございます」という書き出しで、また手紙を寄越した。何のためかと、なお手紙を読みつづけてゆくと、次のような文句に出会った。利口な少女らしい。ところで、その手紙のなかに十枚ほど切手が封入されていた。

「わたくし共のように苦しんでおすがり申す人たちのため、わたしのようなよろこびをひとが与えられますよう、この切手を御用い下さいませ」

それで切手封入のわけも分かったが、その少女の心ばえのよさも分かって、わたしはうれしく思った。

ある夜、わたしは荻窪の都電の乗場に立っていると、ひとりの女性が「あの、失礼ですが、区長さんではありませんか」ときくので「そうです」と答えると、「こんなところでお願いしてはわるいのですが、実は土地に困っているものです。資材は乏しいながら手に入れました。引揚げの者でございます。今いますところを出てくれといわれています。小さな家ならたてられる資材が、やっと手に入りましたのですけれど、土地がありませんの。ありましても、とても権利金が高くて、わたしどもには手が出ません。こまり果てております」といって、求訴された。

区役所に行っても窓口にいないではないか、とけちくさいアラをさがしたがる妙なくせのある人も、満更ないではないというわさ。でも、わたしの窓口は、時には夜の電車の停留場にもなるといえるのだ。わたしも楽な身分のものではないけれど、心の正しい、そしてわたしよりも困っている人たちのためにつくしたいものだと思った。

〈×月×日〉

ガラス箱の区議会

わたしはある朝、放送した。そのおしまいのところで、区議会は区民たちの生活に身近なものを協議するところだのに、きけば傍聴人は少ないし、ときにはないという。区民たちはいつ区議会が開かれるのか、そこにどんな風に協議がもたれているのか分からなかった。わたしはそれではいけないから、まず区議会のある日を区民一般に分からせる方法をとること、傍聴券をより多く発行してもらう。傍聴者が場内にあふれるようなら、拡声器を備えつけて戸外でも傍聴できるようにしたい。区長のわたしは、区議会の日が決定すれば、メガフォンをもって街頭に立ち「みなさんの生活に身近な問題を協議する区議会がいついつから始まります」とどなるといった。

これまでの区議会は委員会で決まって、その決まったのを、ほんの型のごとく区議会で決めるのだときいた。それでは傍聴にゆくかいはない。わたしはそんな区議会の在り方は、今後あるべきでないと信じている。みんなの目と耳との前で協議をしようではないか。ふききったガラスを透して物の動きを見るようにしようではないか。

そのことをわたしが放送すると「区長さんは開けっ放しで困る」と吏員がいった。さらにそうした声明は区議を刺戟するとのことだった。ある区長は、そんなことをすると理事者はめんどうで厄介になるといった。わたしはこれらの批評を全部とることが出来ないのだ。わたしは民主主義とは開けっ放しで、少しも陰影をよどませるべきではないと思っている。

わたしには解せない考え方や事務処理の方法が、日本には多過ぎるのでおどろいている。区長の使命は、それらのことを校正することにありそうだ。

ミスプリントが多過ぎる日本の社会であることか！

〈×月×日〉

区長は読書しなくなる

思索すること、教養の深さが身についた無技巧、それは豊島氏[1]のもつ知識人としての尊さであろう。氏の作品に於ける味いである。わたしは、多忙な雑務の間に『秦の憂愁』を読んだ。この書に収められた五篇は各々一篇としても面白く感じたが、学者の記すように関連してみるのもいいと思う。人物の説明や、描写が極めて自然で、題材の良さと共に少しの危気もなく完成した作品といい得る。わたしは中国に興味をもっている。従って中国人である「秦」に興味を感じる。

わたしは区長になってから、日常の繁雑な仕事に追われて、ゆっくりした気持ちで読書する暇がなくなっていた。もっとも、非良心的な悪本が氾濫しすぎていたので読書する意欲もなかっ

(1) 豊島与志雄（1890〜1955）、小説家。戦後、新居が再建に尽力した日本ペンクラブでは幹事長

たが、近頃のように落着いた良書が出版されると、わたしは腰弁[1]で毎日通う区長の椅子を投げ出して、書斎の人にかえり、心静かに読書の時間を持ちたいと切に思う。

まず第一に、その日その日を激しい労務に従うものにとって、読書ということはそう容易ではない。努力が要る。努力によって読書の習慣をもつ必要がある。その習慣を何かの形ででももてる人々は幸いである。

読書を過重することにも一つの問題がないでもない。アインシュタイン教授は、人間はある年配を過ぎると、あまり読書をしないがいい。その理由は読書することによって他人の思想や感情にスポイルされるからだそうだ。アインシュタイン教授がそういったからといって、われわれ凡庸の徒がそれを学んではならない。

というのは、それはアインシュタイン氏のように卓抜な人にしていいうることだからであるからだ。

また、デヴィッド・ヒュームはルソーを批評して、彼はあまり読書をしなかった。特に、晩年に至っては全く読書しなかった。さればといってルソーは研究をするのでもなかった。彼はただあくまでも鋭い直覚力によって書いた、といっている。

その場合にも、われわれ凡庸の徒は、それを引用して、読書することを軽視する悪例をのこしてはならない。

もっとも、重んずべきは読書同様、もしかするとそれ以上に、思索がある。だが、ここではその点は触れないで置こう。読書論の範囲においては、それの重んずべきであることには疑問のあるはずはない。問題があるとすれば、それは多分に技術にかかっている。その中でも読書にたいする選択行為が重んじられるべきである。読書に選択のないことは、軌道を無視して列車を運行するのと同様に危険でさえある。

読書論は多くの人々によって、いろいろの視角度からなされているが、わたしの試みるべきそれは、現代の日本、その社会情勢を照射してのものであるべきだと思う。現代においてよき読書、効果のあるべき読書は、如何にすればなさるべきかという実際問題が大切なのである。有体にいって、現在は読書をする上においてさまざまの悪条件下にあることは、わたしが説明するまでもない。書冊の入手難がその一つ、本の代価の高いことがその二つ。その二点について、読書家たちは相当の悩みをもっているのは事実だ。その意味においては、一種のダーク・エージであるともいえる。しかしながら、それ故に読書にたいする嗜欲《しよく》(2)を減退させるものでないばかりでなく、それ故にこそ読書にたいする欲求は燃えあがるものがあるともいえるのである。それは読書の機会が少なくなればなるほど、逆に、それに反比例して読書への希求が強まって来たわたし個人の体験が教えてくれた。だれしもそうであるのにちがいない。とくに、今日のような激動期にあっては、それに対応しての読書が要請されもしよう。また反対に、激動期であるがゆえに静謐な内観を求めようとする読書の傾向も高まるのである。

読書はつとめてなさるべきであるということは決定的のものとしていい。ただ、如何にしてそれがなさるべきか、その方法論が今日にとっての切実な課題なのであるだけだ。

（1）毎日弁当を持っていく勤め人のこと　（2）欲するままにしたいという心

現在、如何なる体様で読書がなされているか、特に青年男女の間においてはという問題がある。そこで、読書そのものの必要を説く前に、読書論が大いに取りあげられねばならないということになるのである。わたしはその観点から読書論がさかんになることがのぞましく思うのである。その論点は多岐に亘るであろう。その細部的記叙は短説をもってしては不可能だが、読書の現代的意義と如何にして選択的になさるべきかについての考察が、わたしの読書論の基幹である。

〈×月×日〉
すぐれた都市計画者

ニッポンタイムス紙に、わたしの論文の訳が掲載された。それには記者が、わたしが理想的共同社会のために青写真をつくったと見出し、論者は第二のワイマールとして杉並を幻想している、と小見出しがあった。

理想を如何にこの地上に実現するかの努力が、あるべき政治の要諦ではないかと思うのである。だから、どんなに今の現実は痛ましくも、悲劇性をもっていても、わたし共はそれが故に却って逆に理想の炬火をかかげたいような気がする。

理想といっても、空に架った虹のように遥か彼方にあるものではなく、こんなにも激動の時代にあっては、現実と思っているその瞬間、きのうの夢となっていることもあるので、現実にたいする認識の適切さが問題である。

わたしは、日本に来たこともあるし、イスタンブールで客死したブルーノ・タウトの本をよんだことがある。その本はプラトン、アリストテレスからマルクス、エンゲルス、クロポトキン(1)などの社会思想を研究し、彼はそれを基礎に各種各様の都市計画図を発表しているのであるが、わたしはわが杉並区もそういった行き方によって、世界のどこの国のどこの都市も夢想したことのない都市計画をもちたいものだ。タウトにしてもコルビジェにしても、建築家でもあれば都市計画者でもあり、同時に、すぐれた社会思想家でもあると思うのだが、わたしは友人知人のその道の権威者たちに委嘱して、その人たちのもっている科学力と想像力とを極度に発揮して構想してくれるように頼んでいる。

故後藤新平氏(2)はやや規模の大をもって知られた人だが、彼もわが杉並区の一大規模性の前には靴の紐をとくには足らない感じのあるほどの雄大無比なものにしたいものだ。理想のない政治はあまりにもさびしすぎると思う。


〈×月×日〉

ピエールの意気

因襲とか仕来《しきた》りとかいうものは、全く根づよいものだと思う。因襲を徹底的に打破しようと

（1）ピョートル・クロポトキン（1842〜1921）、アナキズムの代表的な理論家、代表作は『相互扶助論』
（2）政治家（1857〜1929）、初代満鉄総裁、外相、東京市長

心がけたものは、フランス大革命の時代の人たち、わけても、ロベスピエールやサン・ジュストがそうである。わたしはロベスピエールの意気を買う。

モンテーニュはその反対に無暗に革新を行ってはならぬと考え、ある百姓女が仔牛を、産れ落ちたときからしょっちゅう抱えているうち、習い性となってそれが大牛になってからも、同じようにそれを抱いていたという話をして「習慣とは万物の指導者である」といっている。習慣だって、条理にかなったものはいいが、日本人の習慣、わけても役所の習慣はまことに困ったといえる因襲となっている。わたしが観念革命を急務とし、ロベスピエール的条理を必要とする理由はそこにある。といっても、わたしは正しいものを容認しないほど狭量ではないのだ。

〈×月×日〉

緑の世界に和む心

幾人かの訪問者のなかに、細田源吉(1)さんがあった。わたしは午後、全国家の光主事協議会が小金井の浴恩会にあるので、ちょっとそこへ顔を出す約束になっていた。道々話もあるというので、彼も同行してくれた。小金井駅から相当の距離にあったけれど、新緑の好季節なので、心がはればれした。気持が自然にとけこんでゆくように思われた。ここまで来ると、武蔵野のおもかげが十分にのこっている。わたしはやっぱり、樹木が好きだし、自然が好きであることがしみじみと感ぜられた。雑務が如何に散文的であるかが顧みられた。道端のかん木のくさむらのなかに、小さな薄赤い花をつけたのがあった。わたしはそれがもしかするととうの木のような気もしたが、そうでもないようにも思われた。

細田さんもご存じではなかった。その花の名が何であってもいい。それを見ることは、気持が和いだ。緑の森には青葉がさわやかに風にゆられているのも快かった。武蔵野の緑の世界に浸れたのはうれしかった。わたしの部屋には、客が待っているので、浴恩会で用をすますと足早やにオフィスに急いだ。少しつかれた。

その日、夕方ニッポンタイムスの村田五郎君や日米ガイドの小沢武雄君と鼎談した。その会場にあてられた庭に数本の白樺があった。白樺はわたしの好きな樹の一つなので、久しぶりに好きな友人にあったような気がした。


〈×月×日〉

水蒸気の悲劇

新憲法の世になったのに、聡明な女性だった筈なのに、わたしをして女の一生をしみじみと思わせる女性たちが運命的にいることは何という悲劇であろう。

わたしは、郊外の坂道をのぼって行った。すると、向うから、わたしの名をよんで「まあ、しばらく、ご無事でしたの、よかったわ、どうしていらっしゃるかと案じておりましたのよ」

（1）小説家（1891～1974）、大正から昭和にかけて活躍、市井の人々を描いた

という女性が現れた。久しく（まったく何年といえるであろうか）逢わないでいた女性だった。才能もあり、聡明でもある筈の彼女であった。

「どちらにいらっしゃいます？」

と、彼女は訊く。

「散歩です。あてもなく、幸いお天気はよし、珍しくこちらへ来たのですよ。あなたにゆくりなくお目にかかろうなんて思いませんでした。このあたりにお住まいなのですか」

と、わたしはいった。

「ええ、そしてちょっと用足しに出かけようとしてましたの。でもきょう行かなければならない用でもありません。何ならお散歩のおともをいたしますわ。と申すより、このあたりはわたしよく慣れていますからご案内申し上げてよ」

「そうですか、そう願えれば仕合せですが」

と、わたしは答えた。

坂をのぼると、並木路になっていた。そのしずかな通りを、わたしたちは西に向って歩みをとった。そのとき、彼女はその道の左手にある家の一軒を指さして、

「あの家がわたしの住居ですのよ」

と、いいながら、なおも道を西した。

「どうなんです。近ごろのご様子は？もう以前のようにご家庭のいざこざはないのでしょうね」

「だめ、どうしても駄目なの。わたしは何度家を逃げ出したか分かりませんわ。でも経済的に自活の能力がないのですもの。いやだけれど忍従するより外はありませんの。悲しいけれど仕方がないのよ」

「お子さんは?」

「二人あります」

「お子さんが可愛くないのですか?」

「可愛いとは思いません。ただ、気の毒だと思うだけですわ」

「そうですか、そんなものですかなあ」と、わたしは怪訝な顔をしていった。

「そうですの、いってみれば、夫と性格の波長が全然合いませんのよ」

「波長ですって?まるで、ラジオのようなことといいますね」

「ええ、でも、そういうのが一番適切な表現だと思いますわ。波長が合わないのです。その証拠に、夫が勤めに出かけますと、出た途端にわたしの心は晴々しますの。そして帰宅しますと、気持が曇って憂鬱になるのを、どうしようもありません」

「困ったことですね」

「全く、困ったことだと思いますわ」

わたしは口を緘《かん》して歩いた。そして心ひそかに考えた。

――この女は何故そんな結婚をしたのであろう。もっと若かったとき、あんなにもてきぱきして、あれほどまでに聡明だった女性《ひと》であるのに……

と思うと、わたしは女の一生というものについて考えざるを得なかった。わたしはその女性《ひと》と別れて、踵を返した。帰り途のわたしは何となく、心がくらくなった。

あの女性《ひと》は、子供には気の毒だが可愛くないといった。そんなことはありうることだろうか。もしありうるとすれば、彼女の夫にたいする憎悪はまったく深刻なものでなければならない。彼女は人形の家の女主人公のように、いくどか家から逃げ出そうとした。いや、逃げ出したのであった。彼女の聡明さは、女性の自覚を十分にもっている。にもかかわらず、あの女性《ひと》は経済的な独立の能力がないからといって、忍従のもとに女奴隷として生活している。いや、生活というよりは単にはかない生存だけのための生存をしていることにしかならなかった。

意思あれば、どんな女の人にだって独立の生計は立つはずだ。あれだけ利口で、あんなにまで教養のある女に、それが出来ないわけはない。とすると、彼女はひどく意志が弱いことになる。というのは、彼女が結婚前には働いて、しかも自活していたのを、わたしは知っている。今だって、まだ若いのではないか。三十五か六なのではあるまいか。

以前に働いて、自活も出来ていた女性《ひと》が、今になって経済的に独立する能力がないというのは、どんな意味なのか。彼女は家庭をもつようになって働く習性を失ったとでもいうのであろうか。いずれにせよ、わたしにはその理由が分からないのだけれど、女の一生というものについて深く考えさせられたのは事実である。だが、その種の事実は決して少なくはないのである。

新しい憲法はかがやかしい。それであるにもかかわらず、黒い陰影のように、女性の哀史がいくらでも残存してるのは、痛ましくもまたさびしい。

わたしは、その種の例をいくらでも挙げることが出来るけれど、むしろ、今はそれど対蹠《たいしょ》に立つ女性たちの生活を見たいのである。そしてその種の生活姿態を描いていくことがどれだけ楽しいことか分からないのだ。

もう事実上の、いかなる意味合いでもの女奴隷は一人でもあってはならない。明るい生活の女性たち、理論からいっても、実際から見ても、ほんとうにありえていい女性たちの生活の姿がみたいものである。それには女性たちが自覚と独立、自立の精神をもつことが前提とならねばならないのはいうまでもないが、わたしはまた、こんなふうにも考えてほしいような気もする。これは女性たちだけに関することではなく、男性にも同様にいえることだが、わたしたち日本人は、水蒸気の多い国、梅雨といったような季節的自然現象をもっていること、そしてそれから生活にも、気質にも少なからず影響を受けているということである。

からっと晴れたような気持、明るくて、気軽で、陽気な生活要素が乏しいことが、そのためではないかとわたしは思うのだ。

しめっぽいこと、靄《もや》のかかったような猜疑、ヒステリカルな怒りっぽさ、理由の無い忍従、これまでの日本の女性たちにも、根本的に清算しなければならない多くがあった。それらが日本の家庭生活なり、社会生活なりに、横糸ともなれば縦糸ともなって織り込まれていたことも否定出来ない。

わたしは、これまでの日本女性の哀史は水蒸気の生む悲劇が多いのではないかとさえ思うのである。

〈×月×日〉
接待タバコ

朝から雨であったせいか、わたしのオフィスの客は割合に少なかった。オフィスに客の多いことは考えものである。けさほど新聞にも、知事たちで訪客の多いので困っていることが報道されていた。わたしは人が好きな性質ではあるが、面倒臭いことはやりきれない方である。だから、陳情政治は科学的合理化をしなければならぬとしみじみ考えさせられる。

それが合理化しないうちは、日本の行手の民主化は実現しそうもないと思っている。わたしは杉木喬氏[1]がどこかで書いていた「アダノの鐘[2]」の話を、先夜村田五郎君から聞いた。シシリーの小都市アダノでも理想を抱いて行政にあたる人物を主人公にしてある。「新居さん、あなたもその調子でおやり下さい」と、彼はいう。どんなことを書いてるのか知らないが、わたしは結局ユートピアンだったということになるのであろうと考えざるを得なかった。

わたしは民衆から辞令をうけている。わたしは朝から晩まで民衆の生活のことを、ただそれのみを考えねばならぬ。

区長に接待タバコなるものがある。慣例によると、区長の安月給千四百円から五百円近くの自費を払って、それを課長や係長に分配するようになっているらしい。前任者たちがそうだときく。だが、わたしにはそのことが分からないのだ。何故、課長や係長にかぎってそうしなければならないのだ。そうしばしば、そんな支出を安月給の三分の一を割いてしなければならぬとすれば、事だと考えた。課長、係長だけがタバコが好きで、他のものがきらいだとは思わない。そのタバコを、区長の接待タバコであるが故に、わたしは制しようとは思わない。そこで、その帰途考えた。これは全庁員全体のクジにすればよかろうと。それで解決がつきそうだと思った。

〈×月×日〉
人間愛の行政を

故橋田邦彦(3)さんの令嬢で江沢医学博士夫人が、わたしをオフィスに訪ねて来られた。母もわたし同様、あなた様が区長さんになられたのをとてもよろこんでおりますわ。一度お訪ね申し上げたいと申しておりますわ、といわれた。

故文相夫人はわたしには未知の方であり、令嬢も初めて話したのだった。区長の仕事というのは雑務そのものである。それに行政の能力もてんでないので、しばしば面倒くさくもなる。だが、わたしは心の行政ともいうべきもののあることを知った。ヒューマニスティックな行政がそれだと思うと、思い直すのであって面倒くさがってはいけないと思い、それだけにつらいことも多い。

きょうもカゴを片手に赤児を抱いて、わたしのデスクの前に現れた女性があった。そして、

（1）アメリカ文学者（1899〜1968）（2）米ジャーナリストのジョン・ハーシーによる小説、ピューリッツァー賞受賞作（3）医学者、教育者（1882〜1945）、近衛・東條内閣で文部大臣

「速達を差上げたのですが、およみ下さいましたでしょうか」

という。

「まだ拝見していません。速達は届いていませんですよ」

すると、この若い女の人は話し出した。彼女の抱いている生後六ケ月の赤児の顔には老婆のそれのようにしわが寄り、発育のきわめて不完全なことは、その赤児の手と腕とがあお黒く細っているのが証明していた。

母乳は一滴も出ません。ミルクの三ポンドだけではとても育たないのです。貧しいわたしは、タンスまで売り払いまして高いヤミのミルクを買いました、といったとき、彼女の目はしばたき、大粒の涙が彼女のほおをつたって流れた。わたしはしずかに、「ご主人は?」ときいた。「死んだのでございます。そして今は何の収入もなく、役所の保護をうけております」と答えた。

かつてのヴォルガ流域に大兇年の起ったときの飢民の写真を、わたしは思い出した。最近はギリシャの飢えた児童の写真をある雑誌でみた。わたしは、彼女の抱いている赤児のために、衛生課長の医学博士にわたしの部屋に来てもらって善後策を講じた。わたしは、その赤児が日本の現在そのものを象徴しているもののように思われて、胸が痛んだ。

〈×月×日〉

わたしの言葉がつっけんどになる。その分析はわたしが直情径行であることと条理精神につき過ぎること、もう一つは十分健康でないこと、ということになるようだ。

清水澄氏投身自殺[1]の新聞記事、その遺書はわたしには少しの感動もなかった。

午後二時、荻窪ダンスホールの水害義捐金募集のパーティに顔を出す。ホールでの所感。青年男女から明るい感じは少しも受けとれなかった。

「知性の旅」を書く。


〈×月×日〉

こころのふるさと

加藤武雄君[2]が「新居君は詩人だから、あんな雑務の中へ投げ込むのは可哀想だ」と同情してくれているそうだ。長い間の友人だけにわたしをよく知ってくれているなと思う。

銀座を歩いていると、田村泰次郎君[3]に呼びとめられ、喫茶店に入ると、井上友一郎君[4]たちがいた。わたしは両君が今、大いに創作活動をしているのをうれしく思っている。その田村君が、外村繁君[5]や上林暁《かんばやしあかつき》君[6]たち杉並在住の作家たちが一団となって、大いにわたしのために後援しようとしているのだといった。具体的に何をしてくれなくてもいい、その気持だけで、わたしはうれしく感じている。

（1）元枢密院議長の清水が国体護持を願い「自決ノ辞」を残して投身自殺　（2）小説家（1888〜1956）　（3）小説家（1911〜1983）　（4）小説家（1909〜1997）　（5）小説家（1902〜1961）　（6）小説家（1902〜1980）、外村や新居とともに阿佐ヶ谷文士の一人喫茶店で彼等とあって話すだけでも、わたしは心の故郷へ帰ったような親しみを覚えるからだ。今の毎日は、わたしらしいものではない。わたしはどこまでも自由人でありたい。読書生であることがわたしの性格にあってることを、しみじみ感ずるのである。

〈×月×日〉

午後四時、大仁ホテルに着。午後七時から「日本経済の再建と労働組合」の講演を大仁女学校で。

線を明確に引くと同じように、感情を交えずに考えることを表現する。それがわたしの態度だ。わたしは、人々が思い切って物をいうといったやり方をとらない。

海がある。渚に白く波が翻っている。と、いうだけで、わたしは何の感じも起さなかった。大仁ホテルの夕暮れの感じ……。

〈×月×日〉

「多忙」について

「人生は悲しい多忙」という言葉をしみじみ思う。多忙を得意がるのは病的虚栄である。だのに、人々は多忙のつまらなさ、情けなさ、悲しさについて反省がなさすぎる。でも止むをえない多忙がある。多忙でないわけにはゆかないから多忙に身を処しているというのなら判るが、それを得意がるのはわたしには解せない。わたしのような人間でさえ、人並に多忙といえばいえる。だが、わたしは多忙だとは思いたくない。わたしに向って人々は、

「さぞお忙しいでしょう、何分激務ですからなあ」という。

わたしは取立てて激務と思ったこともないし、忙しいと考えたこともない。他人から見るとそう見えるのかも判らないが、わたしはそうは思わない。多忙な生活といわれることは、さぞかし空疎な生活を送っているのでしょうという感じがする。わたしはいついかなるときでも多忙はない、多忙であることを欲しない。「お忙しいでしょうね」といわれて「全く忙しいです、寸暇がないのですよ」などという通俗的な返答することは、わたしの性分に合わない。世間並に多忙になって来かかったとすれば、多忙の克服をしなければならぬと、わたしは考えるのだ。

ざわざわした、落着きのない東奔西走を誇るのは幼稚である。病症であるとさえ考えたい。もしも人々が行為の無選択から多忙を招来したとすれば、その人が垣心《こうしん》(1)と定見のなきことを表示するのに外ならない。わたしのようなのん気者でも、戦時中、山の中に追い込まれていて、わびしいあけくれを過して来て、いかなる意味でもの追放に該当しない関係からでもあろうか何だかだと、いろんな方面に引張り出されることになった。そのいろんな方面のうちには、わたしにとっては全くガラにない、何の寄与も出来ないと思えるものも少なくはなかった。そんなことが堆たのまれて、わたしでもよろしければなどと、うかつに何気なく引受けた。

（1）しっかりとした心

積して多忙になったとしたら、その多忙はおよそ意味はない。わたしに意味がないばかりでなく、関係事項にも意味はない。そんな無意味の多忙は克服しなければならない。一事に専念して精力を能うるかぎり傾注してこそ意味もあり、寄与も可能であるはずだ。わたしは、無意味な多忙は鋭い反省によって克服すべきであると信じた。その観点から生活の調整が必要になって来た。限りある時間と、限りある精力を、そう無計算に野放図に散発させるべきではない。そんな無考えは罪悪であるとさえ思う。

わたしの見るところにして誤りがないとすれば、世間の人々は相も変らず、何かにつけての多忙を礼賛しているかのように見える。「どうも忙しくて閉口しているのですよ」といいながら心中得意でさえいるらしい。それにたいして、わたしはあいさつに窮する。そんなことはいわずもがなのことだと、わたしはいつも思う。当人の主観がそうであればそれも随意だが、別に吹聴するにもおよぶまいではないか。

事実、現在の日本における各人の生活が、多忙といえば多忙であろう。わたしの生活でさえがそう思われ、そうもいえばいえるものを、まして世の多くの人々は……とも考えられる。わたしはちっとも多忙と思わないし、断じて多忙などといいたくはない。ただわたし自身としては、多忙であるなら多忙を克服したいと考えているくらいだし、その余地はわたしにだって大いにある。わたし個人の場合は、きわめて小事であるからどうでもよいが、日本社会の現実において無意味な多忙が意味ある如く取扱われているとすれば、それは是非とも良識と叡知とによって克服する必要があるべきだとだけは痛感するのである。

〈×月×日〉

北海道へ旅して（旅中メモ・その一）

○やや疲労を覚え、招かれるまま、静養をかねて講演の旅へ。
○書斎を快適にする。書斎こそ、わたしの城郭。
○旅はつとめてすべし。その異動は、思わぬ再発見と新しい着想をするから。
○英、独、仏語を一層勉強すること。講和会議後の渡欧に備えて。
○文学をうんと勉強し、一日といえども執筆を廃止しないこと。
○社会人か書斎人かの考察。
○性格に即する読書なり活動なりをせよ。
○十七時間勉強の実践へ。

講演と文学とについての考察。

文学をうんと勉強すること。歌もつくれ、詩もつくれ、片々として意味なき行動をしないがいい。

吏員に与うるの書——〔「親愛なる都職支部諸君へ」参照／本書二〇八頁〕

民衆について
人々がいる。それぞれの生活がある。どれも低俗である。民衆とは、わたしのあるべき民衆とは、美しい感情をもち、よき意思をもつ人々だ。だが現存する民衆は妙なものだ。何を民衆というかを、わたしたちは再考察しなければならぬ。

わたしは非妥協で、条理に徹するが、言葉はどこまでも物柔かでありたい。天鵞絨《ビロード》のような言葉。

万山紅葉して美しいという、そんな言葉は止そう。紅葉、黄葉、常盤樹の緑——これもいろいろある。

山に居る人で、新聞雑誌や新刊書をよまないからおくれるという人がある。観察し、思索すれば、却って進んでいるのだ。近頃の新刊は、新刊というだけで新刊ではない。

通俗が大都会に、都会に、村落に、それはどこも同じである。こんな社会であるが故に、わたしは厭世的にもなるが、山に樹木が、野に草が、ごったにつぎつぎと生えてゆくように、群集が生存して、それを時代が押しすすめていく。

アメリカ化を早くも憂うるものがある。ダンスの流行がそれだ。都鄙《とひ》を通じて、ダンスのステップ、やれ歌謡曲。ホテルにとまっていると、そんな唄とステップがきこえる。しかし何でも極端にゆくなら行かせるがいい。日本的とか、軍国主義時代とかいわれていたそれも、プロシアの真似ではないか。

〈×月×日〉
条理に終始すべきか（旅中メモ・その二）

区議会はグラウンドに似ている。傍聴人は参観人のように見える。つまり、一向に違っていないようだ。首長はピッチャーであり、その演技を楽しんでいるかのようだ。しかし、政治なり行政なりを、そんな風に少しでも考えているのはいけないことなのだ。

わたしの政治観、社会観は間違いか？

あるべき社会がある。それは人々が社会とぼんやり考えているところのものではない。人々はそれについてあまり考えていないようだが、わたしはそれを考えねばならぬ。かといって、人々を軽蔑してはならないが、軽蔑しないことは尊敬かというに、決して左様なものではない。AかBか、軽蔑でなければ尊敬かという二者択一的のものではない。軽蔑はしないが、尊敬はしないといったものがあり、それを認めるようになっただけでも、わたしは進歩だ。市長とか役人だとかは、やっぱりすきなものがなるようだ。弁護士とか、行政官をやった男とかがなりたがる。しかし、本来はそんなものであってはならないのだが。

MやHが一向えらいのではない。わたしは、いわゆる社会をけいべつする。社会の動き（今あるところの）、一般社会の低卑な評価とか、それを基準としての動きとか、そこには別に何の高秀もない。新聞もそうだ。雑誌もそうだ。ニュース映画の覘《ねら》いもそうだ。一時的、暫定的、いい頃加減のもののみがあって、永久的とでもいったものの何ものも考えようとはしないのだ。

ただ、朝起きて洗面し、食事し、仕事をする。（ところが、その仕事ということについて人々はその意義を考えない。ただぼんやりと、仕事や商売とか職業とかといって、それが何か大切なものででもあるかのように考えているにすぎないのだ。）


議員の質問について。

質疑の真義を知らず。というのは質疑といい条《じょう》[1]、それは質すのではなくて、自己の構想政策との比較において、どうだということであるべきだからだ。


ある時は、何て馬鹿な奴たちだろうといやになることがあるかと思えば、何ともなく考えることもある、時々は好ましくさえなる。

彼等がそんな形を見せるからなのか、それとも自分の心が、そうさせるのか。

条理をふりかざして、挑戦を終始すべきか、おだやかに、しかしそのうちに条理をとどめるのがいいか。

札幌のA社長、室蘭のあるドクトル、共によいところがそれぞれある。参考（僕としては）とすべきであろう。


政治的性格というもの。

一つの眼、一つのこころ、その一角から感じかつ見る。他の存在の眼、こころの感じを十分に感得しえられない。

わたしは、後者の立場を、感情移入によってやや察してやりたいと思う。


〈×月×日〉

（旅中メモ・その三）


私行について。

反社会的なものは私行ではない。

考えて——考えぬく。嘔吐するぐらいに考える。健康——自然。

わたしは極端に虚無思想になっているが、これは肉体的原因か精神的なものであるか、わたしには分からない。


〈×月×日〉

日曜日

午前、梶井ドクトルへ診断を乞いに。終日在宅。

日曜日は七曜日の第一日として、形ばかりにあるのではない。人々は日曜日のもつ意味合い

（1）とはいいながら

を正しく理解し、それを生活の上に十分活かさなければならぬ。日曜日は、言うまでもなく休息日である。であるから、わたしたちは出来るだけ、安静にその日を過したいのである。

こんな時代に、日曜も何もあるものか、日曜ぬきに活動しなければならぬではないかと、威勢よくいう人もある。わたしはその逆だ。生活が激動的であればあるほど、休息日らしく安静にする必要を認める。でなければ、安息日としての日曜日を置く理由がないではないか。

わたしは世の人々に、日曜日の意味合いを再検討することをのぞみたい。区長はなかなかの激務でまことに繁雑である。文字は細かいほど見るのに目が疲れるのと同じわけだ。

わたしはとうとうやりきれなくなって、行政地域に何が催されようと、わたしはわたしの絶対安息日とする日曜には断じてこれには応じない。どこまでも非妥協的で、わたしの鉄則は破らないと声明し、実行している。わたしは民主主義化のためにそのことが必要だと確信している。その建前は、時には人々に融通が利かぬものとして不愉快に感ぜしめるかも知れないが、わたしはそんな思惑を峻厳に排撃することにしている。

日曜日は、わたしにとっては安息日だ。心身をしずかに休ませていたい。レクリエーション・デイだ。レクリエーション、それは英気を養ってあすの活動に備えるという大切な意味がある。それを侵してもらっては困る。

しずかに身体を憩わせるのもいい。考えるともなく考えるのもいい。そんなときに案外いい構想がなされるものなのだ。

それであるのに、よく役所関係のことで心なき人々は「日曜日だから在宅しているだろう。休みだからゆっくり話せる」とわざわざ日曜をえらんで押かけてくる。心の友とか、とくに親しい仲なら別だが、公用をもち込んだり、厄介な話をもち込んで相手の静養をぶちこわすのである。それは、まさにエゴイズムであって、相手のその日を考えないにもほどがあるといえよう。そんなことをあえてすることはぶしつけでもあれば、文化性の低いことを示すのに外ならないのだ。

文化国家になってゆくとすれば、その種の心遣いから始まらねばならない、と思う。わたしは公私の観念をどこまでもハッキリさせ、公生活と私生活の区分を厳重に守ること、それが民主化生活の基調である。

日曜日は、わたしの生活の領域に属する。そしてそれは、公から解放された自由な私人の生活の日であり、安息の日でもあるのである。

日曜日だから遊楽にゆくもよし、家庭菜園を耕してもいい。ソファーに寝転んでうつらうつらと過してもいい。個人が私生活の範囲で、それをレクリエーションのために何に利用しようが、それは各人の自由であるが、その日にかぎって何かの意味で、他人の自由を妨げる結果になるような、徒らに他の世界へ立ち入ることだけは心してしないようにしたいものだ。日曜日をその心して送りたいものである。

〈×月×日〉

オフィスに。玉野某という地主の許へ、阿佐ヶ谷中学校長、後援会長その他と訪ねる。自動車で「新文庫」の編集会議へ。夕方帰宅。食後、中村という杉並旅館組合支部長のもとへ、酒、スルメの贈物を返しにゆく。うける理由がないからだ。かつて蔵相だった先輩、故藤井真信のエラサを思う。

〈×月×日〉
交際費

区役所の連中は、会があると酒をのみたがる。わたしは、集会にはお茶と一ケ乃至《ないし》二ケのお菓子にきめた。交際費は使わぬ。水連読書会〔和田本町にあった、家庭を提供しての子供たちの集り〕に少額の金一封を出して、これを帖簿に書き、交際費はこういう風に使うものだと一目瞭然にして助役にみせ、役員にもみせてくれ、といったらおどろいていた。

〈×月×日〉
牛乳屋の李さん

役所の帰り、李さんの店で牛乳をのむ。朝鮮代表として、朝鮮の問題は李さんが一切引受けた感じである。彼は、もっていた金を殆んど出して朴烈[1]出獄に力を借し、出獄の彼を居留民団長におした。

学校からは、燃料が不足だ、経済課からは「区長さん、炭が何とかなりませんか」といってくるので、李さんに相談してみる。秩父の持ち山で炭を焼いているそうだから、区の民生事業の方と話にならないか、というのであるが結果は分からぬ。

李さんは、知人の短銃をあずかっていたため、武器不法所持法にひっかかった。わたしは、その申しひらきの保証をしてあげたことがある。

〈×月×日〉

小学校に北鮮側の人たちが出入して、住居にしていたので、期限つきで立退きを申し出た。わたしは、朝鮮にも理解をもっているつもりだ。即刻立退けというのではない。相談にのれる範囲で、期日をきめようというのだ。ところが、北鮮側は進駐軍の兵隊をつれてやって来た。出ない、ということだ。

(1) ぼくれつ/パクヨル(1902〜1974)、朝鮮のアナキスト。金子文子とともに大逆罪をデッチ上げられ死刑判決(のち減刑され出獄)

〈×月×日〉

午前、梶井ドクトルへ診断を乞いに。腎臓やや悪化の兆しあり。終日在宅。

〈×月×日〉

オフィスに。全院委員会。
午後三時、知事公館へ。
区長たちに逢うのは苦痛を感ず。
石浜知行[1]君来訪。

〈×月×日〉

九時ごろオフィスに。午前中、案外閑散。
午後、警防団の解散式と消防団の結成式。
つまらない形式、二人、部屋に来てのつまらない話。
夕方帰宅。

〈×月×日〉

九時オフィスに。農地委員会、金井満[2]君ら来訪。国鉄の記者来訪。原稿の件なり。公館で湯浅克衛[3]君らと会う。

きょう検尿、混濁甚し。血圧百七十幾度、静養を要す。注射。

〈×月×日〉

九時オフィスへ。

午後荻窪消防団結成式へ。三時、自動車で帰る。注射。

〈×月×日〉

風邪心地を冒して、吏員の運動会に赴く。しばらくして雨。

帰りに雨がひどくなり、森川君の許に寄って雨の小止みを待つ。

雨に心もちが暗くなる。どうにも片ずけられない気持。

せっかくの日曜、何も書けないのは残念。

（１）経済学者（１８９５～１９５０）、読売新聞論説委員　（２）消費組合運動家（１９００～１９７４）、新居が組合長だった城西消費組合のメンバー　（３）小説家（１９１０～１９８２）

〈×月×日〉

オフィスへ。一時、公舎で農地の連中と話す。二時、交通局へ。住友銀行へ。外務省へ。三時、ユネスコの会。原田健(1)、土居光知《こうち》(2)、桑原武夫(3)君らを知る。五時辞去。自動車へ。それから横川さんの宅へ。農地の人々と会食。帰って、さらに、和田本町の文化会の講演。十時に帰宅。

〈×月×日〉

十時、オフィスへ。
午後、自動車にて新制中学の敷地の一部を視察。三時半に帰宅。

〈×月×日〉

十時オフィスへ。
十一時ごろ、前日同様、中学の敷地を見て歩く。これで終る。なかなか好風景のところが少なくなかった。これで杉並という地域の大体が分かったように思う。
五時に聖友ホームにゆき、八時帰宅。
P・H・Pの原稿十枚書く。書きたくもない原稿。

〈×月×日〉

浜田亀七、鈴木秀三郎、[4] 吉沢博士その他の諸君来訪。その他のものは谷口さん記録。同胞援護会の席長となって議事をすすめる。これは大いに面白かった。大いにやっつけられたからだ。やっつけられながら愉快だったのは、やっつけるものの幼稚な理論と態度とにあった。

Fが I の消息をつたえる。その話も面白く思えた。北海道旅行中の東京での話。「毎日」の原稿（四枚）執筆す。

〈×月×日〉

少しおくれて十一時、馬橋の中央気象台気象研究所設立記念祭にゆく。杉野昌甫《まさよし》氏[5]の「文楽について」の講演をきく。

それから、糖業会館に赴き、民主教育講演協会に出席、杉森、柳田君らに逢う。それから、国際チェス倶楽部に出席（山紫ビル）。東久邇さんに逢う。

何故だか、ひどく疲れる。

（1）外交官、駐バチカン公使など　（2）英文学者（1886〜1979）（3）仏文学者・評論家（1904〜1988）（4）ジャーナリスト（1893〜1962）（5）早大教授（?〜1981）、演劇論

〈×月×日〉

午前在宅。一時、桃五の農民組合の会合に赴く、なかなか遠し。しかし、それにも面白いものがあった。

帰りに細田源吉君のところへ寄り、役所へ。講堂の演劇講座（土方与志《よし》君(1)）に出席、挨拶をなす。

八時すぎ帰宅。

〈×月×日〉

古ぼけた区長会議

九時オフィスに。「子供の町」委員会。午後一時から、東京都庁で区長会議あり。いかにも非常識的で古ぼけた会議である。毎度のことながら、わたしはいかにも詰らなそうな顔をしていただろうと思う。

会議がすむとわたしは、ホッとして冬の暮れの町に出た。鉄道公済会から発行している雑誌の編集部に寄り、ニュースの映画社に寄り、最後に永吉のダンス・スタジオに寄った。肌合いの違う場所から開放されて、気楽に世間話の出来る連中に逢うと、よみ返ったように自分を取り戻し、陽気にもなりお喋りにもなる。話の通じあえるというのは有難いことだ。

いく杯かのコーヒーをのみ、本を一冊、雑誌を一冊、タバコを一つ買って帰る。

〈×月×日〉

役所へ行く前に、S君と国鉄へ行く。

牛島局長と会議。都庁に寄り、それから役所へ。

バドミントンをするので、専ら奨励者である山田副知事(2)たちが来る。仲々軽快なスポーツである。

〈×月×日〉

新年の挨拶に辞意を……

終日在宅。役所での新年の挨拶の草案を考える。次のような内容である。

新年に当りまして、わたくしは親しい皆さんに御挨拶を送ります。

過去九ケ月半、みなさんはわたくしをよく御指導下さいましたことを、この際厚く御礼を申し上げます。

わたくしは役所《ここ》へ参りまして、どこまでも条理主義に即して行政をやって参ろうと思いまし

（1）演出家（1898～1959）、小山内薫と築地小劇場設立　（2）山田文雄（1898～1978）、経済学者、東京都副知事を経て愛知大学学長など

た。そのことがみなさんには、時には異様にも見え、或は怪奇にさえも映ったかも知れませんが、わたくしとしては、正しいと考えたことに従っただけでありました。

わたくしは、わたしの宿論とする「民主化は小地域より」という信条には変りがないばかりか、益々その信念をつよめたのであります。ただ、モンテーニュの随想録の中に「小さな文字ほど眼を痛め疲れさすように、瑣細《ささい》な事件ほど我等を刺戟するものである」と書いてありますが、その感じがつよいのであります。

わたしには徒らに大きく動いて中心がないという非難が一部の人にあることもよく知って居ります。しかし、わたしは、わたしの確信に従ってそうしたのでありますから、非難者にたいしてはただ考え方の相違だというだけです。

次に、わたしは、民主主義に即する行政は各自が各自の良心と責任とによってなさるべきである。わけても係長、課長の地位にある人たちは、それぞれに見識をもって、相当程度の自由裁量を、但し首長の把持する大方針に抵触しないことが限界ではありますが、やって頂きたいものだと希望しました。この裁量に疑義を生じたときにのみ首長に判断を乞えばいいのであるという意見です。

わたしの大方針?それは示さずとも民主主義的にみなさんが正しく判断されるところに従って下さいますならば、間違いがないばかりでなく、それはわたしの方針に自ずと一致するわけだと信じていたのであります。

首長は、外部にたいしましては全的に責任を負うものではありますが、内部的には各自がそれぞれに全責任を負うわけになるのであって、わたしたちの職場ではだれもが誰をも支配していないのでありまして、あるものは分担の相違だけなのであります。ただ何分にもチーム・ワークでありますから、各メンバーの緊密な連絡と協力とが大事なのであります。これはわたしだけの解釈であるかも知れませんが、首長は政治をするが事務をしないと考えるものであります。例えていえば、彼はコンダクターであって、どんな楽器をも奏するのではないのだという風に考えました。これは間違いでありましょうか。

わたしは本年頭に当って、いろいろの計画が浮んで来ました。第一が、自治体は自治権の完全把握でなければいけないということでした。それの獲得が最初にして、最後のプランであります。こんな時代には何かの立案をして区の財源としての一部にその利益金から一割を区に納入させることだと思います。統計課、調査課を設けること、葬儀係の設定、その他多くのプランをもってはいますが、それにもかかわらず、わたしは一つのピンチに追いこまれています。というのは、わたしの肉体的条件がよくないことであります。具体的に申しますと、わたしの持病である腎臓疾患が悪化の一途を辿りつつあることであります。

わたしが仮に、自分の今のポストを一擲することになりましても、それは一つに肉体の条件にかかっているのでありまして、そこには何等政治的事由はないのであります。十分諒解してほしいのであります。

現在の社会事情、特に経済状態はまことに憂うべきものがあります。従ってその間に処しての行政措置はいうまでもなく困難を極めております。わたしはそれに当る精神的自信は微力だとは思いませんが、肉体的条件に欠陥を見出したのは残念であります。今の肉体的条件では、当分の静養を要すとされています。しかし一日もゆるがせに出来ない今日、相当期間の静養を許されません。そこでわたしの良心的判断は、わたしのとるべき一定の方向を決定したのであります。

わたしはポストを退くことにした。理由は極めて簡単、それは健康が好調でなくなったことによるのであります。

〈×月×日〉

成年式にのぞんで

まず成年式の説明をし、ドイツの革命家リープクネヒトの「未来は青年に属す」という言葉を引用し、わたしはその言葉に「今日」をつけ加えて「未来と今日は青年に属す」といった。

フランス大革命の大立物だったダントンは三十五歳で、ロベスピエールは三十六歳で、死んでいる。今、大学教授の停年は満六十歳になっているが、政治も何もかも四十歳ぐらいを停年にしたらと思う。若い人々の時代であることを鉄則としなければならない。

青春の特権、青年の権利はむしろ当然である。だが、ここで問題になるのは、青年の本質であろう。

青年とは何ぞや、いうまでもなくグリーン・イヤーズ。年が若く、肉体が若々しい、前途春秋に富むということ。臆劫は病気、怒るのも病気、そんなものは老衰病だ。そんなものは青年ではない。どんなことでも、その人の快活を奪うことの出来ない青年こそ青年だと考える。青年と個性、個性なき青年には青年の本質ありや。

〈×月×日〉

オフィスへ。
窓の会。阿部真之助(1)、細田源吉、伊藤貴麿(2)、岡田三郎(3)その他の諸君に逢う。胡適(4)の話を伊藤君からきく。
四時、大山、佐藤対談を司会。森戸君も来て、座談会になる。
七時過ぎ帰宅。

〈×月×日〉

終日在宅。
新聞にも載らない、人の目にも立たない、だがほんとうに人のためになるような動きをとりたい。わたしは自分の名が人の口の端にのぼったり、かかれたりすることは好まないからだ。

（1）ジャーナリスト、評論家（1884〜1964）（2）児童文学者（1893〜1967）（3）小説家（1890〜1954）（4）こてき／フーシー（1891〜1962）、中国の文学者・思想家荻舟君よりのハガキのなかに、寛政の落首が書いてあった。
よろづ世もかかる厳しき御代ならば長生きしても楽しみはなし

〈×月×日〉
ある休日の黙想

わたしは休みの日の朝は思いきって朝寐《あさね》することに決めている。といって、わざとそうするのではなく、腎臓疾患のためにどうかするとあまり眠りのとれない前夜があったりするからである。そんなわけで、わたしは休み日だけは十分眠ることに自然きまってしまった。

長い間、自由に生活しつづけてきたものにとっては、毎日一定の時間にオフィスに通勤することはかなりの苦痛である。もう一つの苦痛は、多くの人に面接することである。由来、わたしは考えにふけることを欲するが、話することは好まない。まして議論したり会議したりすることは、この上なく苦手だ。

そんなわたしにとって、休みの日を孤室に過すことは適当なこととなる。

わたしは人間は誰でも尊敬しなければならぬという信条に立っている。美しい寛容は、わたしのもっとも好む態度の一つである。それにもかかわらず、他面には好悪の感情も相当ひどく激しいものがある。その矛盾をわたしはつねに自意識し、その克服に努力している。

わたしは元来きわめて非社交的であり、従って群を好まぬ。孤独を愛しはしないけれども、自然孤独となるわけは、そのためであろう。

休み日を、わたしがたのしめる世界とするのは、その日をわたしだけのものになしうる可能性が多いからであり、人事の煩わしさを思うものは、自然を思うことが多くなるのも当然だ。

休み日の縁端で日光浴をしながら、早春の光と樹木とにたいする。世間の人々の多くが時事に興味をもちたがるが、わたしは一向興味がない。今のわたしを牽引するものとてない。少し以前には、映画とスポーツとが、わたしにとっての牽引であった。そんなわけで、わたしは映画を見てきた、現に見つつある。アメリカ映画、フランス映画といった風に。その割に、一向わたしにとっての快性にはならなかった。それでいて今なお熱心に見つづけている。

冬枯れの立木の枝をぼんやり見ているのは、無意味のようでいて、今のわたしにはそこはかとなく意味を感じる。そこに何かがある思いであるからだ。

街にゆく。いろいろのものが目に映る。人間のさまざまな営みが開展されている。盛り場には、大勢の人の群が蝟集している。――よくもまあ、あんなにも多くの人がいるものだ、と思う。だが、それ以上に、何の感想も起らない。そしてともすると、実在の彼らでありながら、わたしには陰影のようにさえ映る。

新聞社の電光ニュースの文字が夜のやみを切って明るくはしり、事件をつたえ、政局の動きをしらせている。それに目をやりながら、わたしは不感性である。何がわたしをそうさせたのか。考えてみると、理由はなくもなさそうだ。というのは、わたしの求めている人生価値はそんなところにないからでもあろう。わたしは政治を人々のごとく重視したがらない。政治を重視する傾向は、自主自治の精神の欠如であり、依存主義の変貌だといえるからだ。義務にたいする責任なくして権利の面だけをつよく叫ぶものも、また等しく依存主義である。その種の依存主義の存在するかぎり、政治が――あの本来がつまらなくて下品なはずの政治が――重視されねばならないことになるのだ。しかも、現世紀の現在はその程度の低さにあるのだということを、世界の人類は一日も早く自覚しなければならないのだ。

その低い程度を世界の現実だと考えているが、人類はもっともっとハイア・リアリズムの水準において、これを考えはじめねばならないはずだ。しかるに、その気配のきわめて稀薄に思われぬるのは残念だ。

わたしは縁端のガラス戸を通して、並木の梢を眺めながら、そのように考えた。

わたしは街に出て影像のような人の動きにも不感性である。また彼らの取交わしている大凡の対話にも興味がもてない。彼らの対話に、人生的香気を少しも感じないからだ。索漠たる砂漠。夕暮れどきを、人の世界から受けとらねばならないことはまことにわびしい。だのに、現世紀の現在の世界がそのような感じにみちていいのか。

わたしの心は内転をしはじめざるをえなくなった。心の世界における人間建築がより多く問題になってきた。ユネスコ憲章の前文のなかには、心の中に平和を打ち立てることについて力説している。平和ばかりではないのだ。人間のもたねばならぬあらゆる美質を、すべての良き意思をことごとく完全に打ち建てねばならないのだ。

休み日に自家の孤室につくねんとして座しているのは、ひとり旅でどこかの旅館の一室にいるときの感じと同じだ。しかし、それであればこそ、わたしは考えるのに適するのだともいいたいのだ。

わたしは休み日を絶対にして完全な安息日にしたいのである。そして今のところ、安息日だけが、わたしの生活にとっての意味でもあるように思われる。

わたしは旅を欲したいときに旅をしたい。現在の境遇では、毎日の定時出勤に拘束されているのでそれができない。それにつけても思う、人間は自由人でなければならないと。

わたしはあらゆる点で自由人であることを、それのみを欲する。勤め人なんておおよそ自分の性にあわないのだ。

わたしは、暖かい春の一日も早くくることをのぞんでいる。海のいろが親しめだして、それをバックにして、赤や、白や、桃いろの花がきれいに咲く季節の日を……。

現在のわたしのように、万事に興味を失っている状態は決してよいことではないからだ。

それにしても、社会環境があらゆる面において暗いの止むをえないとはいい条、好ましからざることだと思う。

〈×月×日〉

退職届

持病が最近になってひどく思わしくありませんし、医師の切なる勧告もありまして、わたしは退職することに意を決しましたので、その旨をあなたにおつたえします。
多端、一日でもの曠職《こうしょく》(1)が許さるべきでない今日、何分にも継続して加養を要する病気をもってあえてその地位に留まることは、市民たちにたいする義務の背違ともなりますので、わたくしはわたくしの責任感と良心とに基く判断によって右様の措置をとったのであります。

新　居　格

千九百四十八年四月×日

杉並区議会議長
林　鉄　男殿

(1) 官職を欠けたままにしておくこと

覚え書

はじめに

区長のときの見聞や体験を思い返しながら、わたしは一書つづる気になった。

わたしは、わたしだけの考え方によると、さして間違ってるとは思わない。しかし、人おのおの考え方、ものの見方があるであろう。それらによる反駁は随意である。わたしの考え方、やり方をありのままに書いてゆきたい。わたしがここに書くことで、すでに発表したものもある。しかし、一本にまとめあげるために、わたしは重複をかえりみず再びかいた部分もある。それも関連的なものとして、すでにその部分について書いたことをよまれた方も寛恕してほしい。よまれた部分、これはよんだことがあると思われる部分は、とばして次をよんで下さればよろしいのである。

わたしは当時の日記を丹念に、かつ正確につけておけばよかったのであるが、それをしなかった。区長としての覚え書を中心に、時に手帳や、またまれに日記に書きつけたことどもから思い浮かぶままにかいてゆくのである。本来ならもっと書くにあたいすべき事柄も多々あるのだが、忘れて思い出せないものは仕方ないとしなければならぬ。

わたしは日本の民主主義革命も、フランス大革命と本質において何等変りはない、ものの見方、考え方を条理のギロチンとして用いなければならぬと、確信した。

わたしは、また、こんな風にも考えた。わたしは条理主義のヨハネとならねばならない。条理主義のイエスはいつの日にか現れるとしたい。だとすれば、この露払いのヨハネには、義理にもどんな妥協も許されなかった。そこで、わたしは自分が条理と信ずるものを行ってみようと欲した。そうしたやり方は、あまりに習慣を無視し、無茶だ、無軌道だというかも知れない。果して無茶か、無軌道か、それを冷静に、かつ公平に批判していただきたいものである。正しいか、無茶か、それともわたしのやり方がほんとうか、それとも奇抜すぎるか、それを審判して欲しいのだ。

わたしの経験と所感とを、ここにありのままに投げ出してみたいのである。

❖

民主化は小地域からというわたしの持論

民主主義の基本は、なんといっても各個人が民主化することにある。そしてそれには個性の確立が前提条件である。いいかえると、個性の確立、個人の民主主義的自覚なくしては民主化の実体はありえない。

民主主義は個人の民主化から、つぎに家庭から、隣近所から、部落から、村や小さな町からといった風に、小地域から確立してゆかねばならない。しかるに、現在の日本ではそうした志向がやや稀薄ではあるまいかと思われる。

世の中の難事は、どちらかといえば些末なことにある。モンテーニュは『随想録』の中で、次ぎのように書いている。

「最も些細な邪魔が最も痛いものである。小さい文字ほど眼を痛み疲らすように、些細な事件ほど我等を刺戟するものである」（関根秀雄訳）

その言葉を援用して、わたしは考える。

民主化は小さいこと、小さいもの、小さい地域ほど、かえってむずかしいのである。

民主主義はこれまであった価値を転換した、また、転換せしめねばならない。その意味での観念革命が必至のものなのである。わたしはいう――かつての大事と想定されていたものは、今日の小事である。封建的な価値観念は民主主義的には無価値でさえある。

しかるに、その点について民主主義者といわれ、自認している人たちでさえが、いまだにそのきりかえがなされずにいる例が多々あるようだ。それは一体どこから、また、なにから来ているのであろうか。大とか上とかいう観念はよろしく再考しなければならぬ。

孟子の言葉に「履大小同じ、即ちあたい相若く」というのがある。くつに大小があってもあたいは同じだという意味であろう。人間も人間の基本権において差別はない。大も小もないのだ。地位にも大小の観念をとくに考える必要はないのだ。人間価値の標準は人間らしい人間であるかどうかであって、それ以外にはないのである。「大行《たいこう》は細瑾《さいきん》を顧みず」という句がある。大事を行わんと思うものは、わずかなのこと、つまり、小事には目もくれぬ、という意味であるが、そうした愚劣な文句が過去の粗笨《そほん》(1)な日本人をどれほどそこなったかわからない。そしてそういう愚劣な大小の差別観、それこそ本質的に封建的なものであるが、その封建的塵垢《じんこう》をいまなお観念の上につけている民主主義者が少なくないのにおどろく。そうした人たちは、いまなお過去の差別観をのこしているものといわれても仕方があるまい。

わたしが「君、君、区議会議員に立候補してくれないか」というとすれば、区議会議員?役不足だ、といった顔をする人がないでもない。その種の人は、依然として村長より県知事が上位と考え、市区町村議会議員より都道府県議会議員が、さらに国会議員が、また小学教員より中等学校教員が、それよりも大学教授が、それぞれ上位にあるといった過去の封建的因襲にとらわれているものというべきである。その種の虚栄的謬想《びゅうそう》にとらわれているかぎり、真の民主主義は助長されそうもない。

日本の知識階級こそ、まず第一にその謬想を打破すべきであろう。その打破こそ、彼等の第一義務であらねばならぬ。彼らは論文を書けば堂々たることを主張する。ラジオの放送や講演は相当に素晴らしい。だが、そのわりに小地域の民主化にたいする努力を等閑に付する。なぜであるか。そうしたことへの実践は、自分で自分をいやしめ、自分を卑小にするものとでも思っているのであろうか。

(1) 粗雑

わたしはそれとは逆に、いと小さきものへの奉仕を好ましく思う。いと小さきものと既成観念に映るところのものは、わたしの眼からはそうだとは思われないのである。しょせんは人間の問題である。人間らしい人間の香気が添うならば、いと小さきもの必ずしも小さくはないのである。

区議会にして学識識見にすぐれ、人間思想を高さ、深さにおいて十分に具備している議員が多く集まっているならば、それは国会よりもすぐれた存在となるということはいうまでもないのだ。しかるに、文化人といわれ、知識人と称する人たちは、敢えてそうなることを潔しとしない。虚栄があるらしい。彼らがそうした実践をなさず、銀紙のような自己矜持に既成観念的虚栄に愚かしい甘睡《かんすい》をむさぼるかぎり、小地域の民主化は実現しないのである。小地域の民主化が達成しないかぎり、民主日本の実体は盛りあがる術もないのだ。

正義と人類愛と理想とをつよく志向するものが小地域の民主化に挺身しないから、利己主義と俗情《スノビズム》の跳梁を許すことになるのだ。そうした怠慢こそ、民主主義を裏切るものでなくてなんであろう。われわれはいまとなっては、民主主義の講説をきこうとは思わない。今日の日本の民主化についての最大の急務は、小地域民主化よりほかはないのであるまいか。しかるに、この小地域民主化への志向が、今日の民主主義戦線を通じて、あまりにも欠如してる感が深い。そしてそのかぎりにおいて、日本民主化の春はあまりにも遠いのだ。

わたしは、日本の知識人に求訴したい。それは彼等が小地域民主化に進んで挺身してほしいことである。砂塵を捲き上げるような風の烈しく吹くといった世俗を避けて、文庫裡に、静かに、思想と共に、好みに従って生活することは好ましいにちがいない。スノビズムは嫌厭に値する。わけても戦後の社会事情は、道徳の低下と、一段とはげしくなった利己主義の病的肥大とによってスノボクラシー(1)となっている。俗物根性が滔々とひろがり流れて、まったく停止するところがない。その濁流に抗して挺身することが煩しいのはいうまでもない。そしてそれは浄潔を念とするものにとっては、たしかにそうした挺身が好ましく思われないことはわかる。

だが、好むと好まざるとを問わず、それが社会の現実であることだけはいなめない。もし、そうであるとすれば、小地域民主化の熱意はそうした現実の回避といった態度からは生まれるわけはない。わたしは世の有権者たちがあらゆる既成観念の切替えを完全にすることによって、小地域民主化への実践に立ち向われんことを期待したいものである。

わたしはモンテーニュのいったように、小さいことほど煩雑であり、あまりにも散文的であることを最近実験しつつある。空想と気紛れとを生活基調としたわたしにとっては、異常な疲労と困難とである。そうしたことは、わたしが小地域民主化を宿論とするのでなければ、耐えられないような気がする。

小地域民主化については、こまかくのべたい諸項目もありそうに思えるが、今はただその重要性と、そうした思想の拡延をまちたいと一言したいのである。

❖

（1）俗物支配

政治的蜃気楼

わたしは形容詞のない人間《ノンタイトルド・マン》であることが理想である。つまり、市井の人として終始することだ。わたしは、無名の市民として市民の中に溶け込んで一生涯を送りたいのだ。ところで、わたしのその市民というのは、結局はユートピアの市民か、物語にあるような市民であるような気がした。現実の市民は、わたしがその中へ溶け込んでという、そのものとはあまりにも距離が感ぜられるのである。

ある友人が来て、

「あなたの従兄弟は言ってたよ。――新居はおおよそ協同組合運動に性格が適していないのにやってるが、といってたよ」

と話した。従兄弟〔賀川豊彦〕も、

「君は文学でもやっておればいいのに、なぜ小説を書かないのか」

といった。

わたしは協同組合運動だけでなく、実際運動は何によらず性格に適していないことを知っている。ただ正しい運動なら、何によらず、賛成であるばかりでなく、それを推進したいという熱意はある。

で、民主選挙推進運動をやるから、その提唱者になれといわれ、早速快諾した。いうまでも

なく、こんどの選挙こそ、民主化に拍車をかけるのに何よりもいい機会だと信じたからだ。そのうちに、

「どうだ、参議院に立候補せよ」

と人がすすめた。それから政治的蜃気楼が始まった。

「俺が参議院議員になれば、かつて議会でそんなことをいったことのないような、発言をしてみせる」

と考えると、空想はそれからそれへとひろがってゆくのであった。

誰でもいえるような発言なんかしたくない。

そこへ、友人が来た。

「君、そんなことといったとて、供託金があるのか」

「ないよ、かつかつ食っている人間に供託金がある訳はないではないか」

「ないではないかって威張っていたって仕方がないよ」

「そうか、そいつは弱ったな」

「でも、何とかなるだろう。とにかく、俺が審査申請書を書いてやるから、一通り、俺の訊くことを答えろ」

「まるで、取調べをうけてるようだね」

「いいから俺の訊問に答えろ。俺が書いて俺が出してやる」

「奇抜な発想を議会の壇上で発表しようというのも手がかかるね」

「だから、お前のような空想家は手がかかるのだ。供託金くらいなら、俺が出してやる。運動費は、むろんあるわけはないね」

「そんなものあってたまるか」

「おい、汽車に乗るのには汽車賃が要るのだよ。無賃乗車というわけにもいかんじゃないか」

「俺は街頭演説一本槍でゆく」

「そんなことをしていたんじゃ、全国区なら大変だね。いくらも廻らないうちに選挙は済んじゃうよ」

「そういえばそうだな」

「そうだもないものだ。困った奴だなあ」

そんな会話が取交わされた。

その後、他の友人が来て、

「君は小地域民主化論の主張者ではないか。町長というのが東京にはないから、区長になれ」

とすすめた。

すると、わたしはそれもそうだとうなずかざるをえなかった。こんどの選挙は、小地域の民主化が大切である。まず、個人が、次に家庭が、それから隣近所が、村が、町が、区市が、という下の方から、というよりも、小さな個体、団体、地域から民主化してゆかねばならない。それを閑却して疎大なものをよしとしてはならないのである。

わたしはよき人々、すぐれた人たちこそ、それへ溶け込むべきであるという確信をもっている。ナロードニキといって、一八七〇年代ごろロシアにおける革命家の団体があった。それの社会思想的批評はしばらく措くが、彼等は、とにも角にも農民や労働者にくみし、地位を棄てて「人民の中へ」とび込んで行った。

今日の日本の知識階級並びに民主主義的人物は、既成観念による大小、上下のそれを捨棄して、小地域の民主化のために、小地域に突入しなければならぬ。その意識こそ、最も民主主義革命過程の日本が要請するものである。ところで、わたしが「君、区議会議員乃至町村議会議員にならないかね」とすすめると、「役不足だよ」という顔をしたとする。今や価値は完全に転換されたのである。しかるに、民主主義者をもって任ずるものが、今にしてそうした旧意識、旧観念をもっているとすれば、その人は時代遅れであるばかりでなく、民主主義者でさえないと、わたしは断定したいのだ。

そうした旧意識の所有者が今でも民主主義者と目されるものにあるとすれば、日本の民主化の前途遠しといわねばならない。

わたしはもとより政治を好むものではない。書生の時代に政経の学習には従ったものの、行動としてその道をとらなかったのはわたしの性格から来ている。にもかかわらず、わたしが敢えて村の民主化のためには村議会議員になる必要があるとすれば、人々のすすめるままに何にでもなる気になった。わたしは人々が杉並の村長になれといえば、以前なら、拒否し通したでもあろうが、今ならなるであろう。わたしが杉並に移り住んだときは、わたしの在所は、奥多摩郡杉並村高円寺であった。その後、村は町になり、町は区になった。しかし、わたしは心の中では杉並村を思い、杉並村長を思っている。今の区長、わたしの意識での村長、その村長さんになれというなら、今ならなる気になる。わたしがそれに適当か否かは別である。だが、何故そんな気にもなったのか。それは、わたしが住む区といい、町内といい、あまりにもボス的で、エゴイスティックな存在を、それらの盲動を、目のあたりに見せつけられて来たからである。それから何とかしなければならないではないか。そう、わたしは感じた。

政治的蜃気楼が立ちのぼる。

杉並区は、まとまった地域だ。文化人たちも多く住むといわれている。一つここを農事試験場のように、明るい文化区域にするか。

原稿用紙の代りに、この地域にユートピアを描くか。ところで、この地域は旧政党のボスが蟠居していると人はいう。わたしはそんなことは知らない。知らないけれど、区議会議員などには国会議員以上の人たちばかりになってもらって、その区議会は楽しい円卓会議たらしめ、談笑のうちに事を運びたいものだと思っている。文壇の何かの会合のようであってもいい。卓を叩いて論ずるなどは、おおよそ野暮の骨頂だとみんなが考えるようにしたいものだ。

区長のも、各職員たちのも、同じ型の机においおいするがいい。また、職場ダンスもやるがいい。

いや、蜃気楼はそれからそれとひろがってゆく。

この地区にユートピアを建設する。フーリエの計画したファランジュ(1)、いや、それよりは、もっと合理的な、芸術味のゆたかなものであらしめたい。

モナコは八平方マイル、人口二万二千百五十人、しかしわれらの地区には、モンテ・カルロはいらない。モンテ・カルロ、それはモナコ公国の町で、賭博者の集合地だからである。それは清潔な地区には不用であろう。それとも、何か、ロマンティックな施設は考えられないものだろうか。「署長さんはお人よし」――それはフランスの戯曲の名。「区長さんはお人よし」――それは、われらの現実であらまほしい。

わたしは、その地区を歩きながら、この地区を花壇のように美しくするのだな、と空想していた。

この地区を明るい文化地区に。それは今、どこの地区よりも適当であると思った。聞けば文化人も多いという。勤労大衆の地域にしたい。

「だが、君、それは君の蜃気楼だよ。君はすぐ幻滅するにちがいない。それよか、君はまだしも参議院議員がよいぜ」

「いや、本来、俺は政治はすきではない。その点からいえば、俺は何にもなりたくない。ただ、自由な読書人でありたいだけさ」

だのに、そのわたしがなぜ柄にもなく――元よりすすめられてではあるにしても――そんなことに乗り出したのか。乗り出さざるをえなくなったのだ。外でもない、あまりにも今の世の中が堪えきれなくなったからだ。わたしは、町の人々の臆面もなく露出するエゴイズムに恐縮した。道義の低下の甚だしさに嘆息した。わたしは著しく虚無的になった。それにわたしには

（1）フランスの思想家フーリエ（1772～1837）が提唱した協同社会のこと

持病がある。腎臓疾患がそれなのだ。だとすれば、それを劬《いた》わりながら読書と執筆とをしているのが一番いいのだ。

だが、そうしていいのだろうか。一体わたしに行政が出来るであろうか。たとい、それがきわめて小さい地区のことでも。いや、小さくない。これを地方にもってゆけば、堂々たる大都市ではないか。しかし、わたしは村と思っている。そう見做している。わたしは村がすきだからだ。わたしの友人で、全国蘭製品統制組合の専務理事をしている井関善一君が訪ねて来て、

「久しく郷里の村に帰っていたが、自分に村長になれというのだ。自分は外のことならなりたくはないが、村長になら、なってもいい、と思った。なってもいいどころでなく、なりたいと考えた。ただ、そうなると、一家をあげて帰国しなければならないのでね」

「そうか。ところで、俺も村長になろうとしているのだがね。なれるかなれないかは市民たちの意思の如何にあるので、なれるとはかぎらないがね。もしなれるなら村長さんだよ」

二人は小地域民主化論において完全に一致した。村長になりたくても帰郷の出来ない井関村長希望者と、なれるかなれないか公選をまたねばならぬ杉並村長希望者の二人は小地域の民主化が行われなければ、日本の民主化は絶望だといいあった。

近頃、日本の青年男女たちが熱愛してるというワンダ・ワシレフスカヤの『虹』を読んだ。この女流作家は「早いころはむしろ政治的活動の方で知られていたようである。モスクワにあったポーランド解放委員会の会長に選ばれたり、前線を東西に駆け廻ったり、ソ連で編成されたポーランド独立軍を激励したりして、新しい型の闘士の面目をよく発揮していた。（中略）今

日では作家と主婦の静かな生活に帰っているが……」と訳者袋一平君は書いている。ポーランドの支配下にあるウクライナ農民の戦いを描いたものだ、とも訳者は述べている。

激動の世の中にあっては、人々はしずかな、自分に適した生活に入っては居られない。

日本の現状も、また人々をしずかにさせていることは出来ない。例えていえば、洪水で堤がまさに決潰しようとしているような事情にあるのだから、分相応に蓆《むしろ》なり、土砂なりを運んでそれを防がねばならない。わたしはそんなつもりで勧められるままに村長になろうとしたところである。わたしたちが協同組合運動を終戦後に同志と共にはじめたとき、わたしたちが一人、半人の栄養失調を防止することが出来るなら、わたしの仕事のことなんてどうだっていいではないか、とわたしは思った。それでわたしは協同組合運動を同志と共にはじめた。その運動は経済運動であって、政治運動ではもとよりない。

だが日本の民主化のためにも、協同組合運動のためにも、政治力をもつ必要に迫られた。政治のあくまできらいな、政治といえば嘔吐を催す気味のあったわたしが、政治的蜃気楼を描き出したのだ。時代の所為であるという の外はない。

だが一歩足を踏み込んでみると、政治ってもの、選挙ってものは変なものだな、と早くも知った。すると、わたしの政治的蜃気楼は崩れる感じがした。

それに幾日もふれてみないのに、やれやれと思い出した。

でも、やり出した以上は、今さら、こんなことといったとて仕方がないと思ったものの、わたしはまた、そんなことは忘れて文学の世界に親しむ気持がつよくならざるをえなくなった。

しかし、人間研究はいくらか出来たようだが、それとても大したことではなかったようだ。わたしは政治的蜃気楼を眺めることがすきであった。それは政治的ではなく、むしろ文学的かも知れない。

美しい蜃気楼をスペインの空中の城としないで、現実にするためには保守反動を、因襲になじんだ旧意識を一掃しなければならぬ。それは分かっているが、それを取除く努力は容易ではなさそうだ。そうなると、わたしの政治的蜃気楼は影が薄くなる。

今年は、わたしはもっぱら文学の世界に閉じ籠ろうとした。で、子供たちはわたしがすすめられるままに何気なく政治的蜃気楼を眺めだすと、

「およしなさい。芸術の世界がいいわ」

といって勧止する。その呼びかけはサイレンの笛の音のように快くひびくのであった。

一方、何としても、エゴイズムの氾濫はやりきれない、今は、芸術に思いを致すべきではない、微力なりとも、それに抗しなければ、という心の囁きもつよい。

だが、そうも思い、こうも考えながら、わたしには、それがわたしにとって彼岸のことのような気にもなる。

村長になることもちょっと面白いと思う。しかし村長になったら厄介だなとも考える。

村長にならなければ、それもいいと思う。元通りの自由人になれるから。

すすめる友人たちのためには、村長に当選する義務を感ずる。

そしてそれにたいする抱負をのべ出すと、現実から離れた物語めいたことになる。それはわ

たしが政治的性格の持主でないことの証拠である。

夢のなかでスタートしているように、空想の中で選挙をしている感じである。それはとに角として、政治的蜃気楼だけならたしかに美しい。だが、現実はこれとはひどく違うことをその途上で感じ出した。

といって、わたしは引込むわけにもいかない。

仮想の村長は、自分のことで自分のことでもないような日を送っている。それというのも、わたしはわたしのための村長になろうとしたのではなく、ひろい意味の民主戦線の結集に何かの役に立てばいいと思ったからだ。

その点からは、自分のことでもないような日を送っていることになるのも当然である。わたしは過去において意味したような少しも香気のない、がさつな、それが何らかの意味での利権利益の陰翳の漂う政治を政治として苟且《かりそめ》にも考えたくはない。

政治の基準は、条理だけである。もっとつよくいえば、条理による断行でなければならない。わたしの使命は断行をこの国にもたらすことにある。よし、それがどんなに小さい地域であるにしても。

❖

政治的蜃気楼に、断行によって、現実の鋳像を与えることだ。ドン・キホーテなのかも知れない。

出馬という言葉

選挙のときに、よく逐鹿《ちくろく》とか出馬とかいう。

そこでわたしは立候補者たちに「君らは馬なんだね。新聞に出馬とかいてあったから。すると何十人が出たでなくて何十匹出たということになるぞ」というと、「口のわるい奴だな。俺たちは馬ではないんだ。騎手なんだ」「そうか、それなら出馬でなくて出騎手と新聞に訂正してもらえよ」と答えた。

人間のすることに逐鹿だの、出馬なぞといわなくてもよさそうだ。何とか新時代らしい表現があってもよさそうだ。そこでわたしは「鹿を逐う」ことを字引でしらべてみた。すると、史記に「秦その鹿を失う。天下共に之を逐う」という文句に始まったらしい。互に政権とか地位をえようとして競うことである。

史記の著者はどうして鹿をもって来たのか。兎でも狸でもいいものをとわたしは考えた。それに漢の時代の司馬遷となると随分の大昔だ。それを今日に至ってもなお、馬鹿の一つ覚えのように逐鹿だの、逐鹿戦だのという気が知れない。

出馬を引くと（一）乗場にて臨場する（二）転じて本人自身がその場にのぞむとある。その場合、本人自身が馬になるようにうけとれる。どうも面白くない。Stand for the Diet の方がよい。出馬がいけないとすれば「出人」とするか、それも語呂がわるい。わたしはそうしたときにそういう風にいうからという鈍感さがいやなのだ。人間のやることに馬だの鹿だのといわなくとも、何かともっと気の利いた、すっきりした表現があってもよさそうに思う。人権をじゅうりんするような表現に、心して無意識にでもすべきではないように考える。その種の用語は少なくない。それを意識的に、改めてゆくのが今日の態度ではあるまいか。区長立候補のことに関連して思い出すままをしるしたまでである。

❖

世界の杉並区——わたしの文化設計

わたしは、わたしの住む杉並地区を、農業試験のつもりでいろいろの設計をしてみたいのである。だが、わたしは一人のユートピアンである。そうした夢の設計が、どの程度にまで実現するか、それともしないか、神様でないわたしには分からない。でも、わたしには夢みるものがあるのでなければ、わたしは区長なんかになっているのはいやだ。

未来のワイマールに

杉並区の面積は三十七平方キロで、表面の人口は約二八万といわれているが、しかし陰影のように転入する人口数を加えるとすれば三十万、或はそれ以上かも知れない、という人がある。いずれにしても六大都市をのぞけば相当の大都市である。すると、わたしは杉並村長のつもりではあるが、大都市の市長であるのかもしれない。それにとにに角、杉並区には農地は七百町歩《ちょうぶ》ある。そして農家は八百八十七世帯、そして平均家族が五・五人とすれば農民人口も相当ある。この区には農民組合もある。

モナコ公国をふと思う。この国は八平方マイル、人口二万二千百五十人。すると、我が杉並区はモナコ公国の十何倍かの人口をもっている。だがモナコは柔らかい気候の健康地である。避寒地として知られている。それに緑の地中海に面している。杉並の気候は必ずしもいいとはいえない。といってわるくはないが。所によっては富士がみえる。杉並区を越えて眺められる富士山は好風景たるを失わぬ。モナコには有名な賭博場たるモンテ・カルロがある。だからといって、わたしは杉並区内にモンテ・カルロに対抗するようなものを設計したら、とは思わない。競馬場もない。ドッグ・レースもない。競馬場はヴァン・ドンゲンやその他のフランス画家の描くようなものであったらば、あってもいいとは思うが、いまのわたしの設計面には入っていない。

ルクセンブルグ（ベルギー国南部の大公国）――そこは人口二十六万有余。すると、杉並の人口はルクセンブルグよりは大きい。旧ザクセン・ワイマールのことをも考えてみた。

杉並区を新しい文化地区にしたいこと、それがわたしの夢である。しかもその夢は必ずしも不可能だとは信ぜられない。

荻窪駅の北側にある大通り、あのあたりがわが杉並区のセンターともなろう。よき図書館、上品なダンスホール、高級な上演目録をもつ劇場、音楽堂、文化会館、画廊などがあってほしい。現に用意されつつある部分もある。

東都文化興業株式会社は、その事業の第一着手として、荻窪駅北口に近接した地点に劇場を創設し、高級な映画と演劇とを区民のために提供せんとしていた。創立発起人には和田三造画伯(1)、近衛秀麿(2)、藤原義江(3)氏等がなっている。その計画は一度許可され、その後建築は住居を先決問題とするという理由で許可を取消されたが、わたしはそれの再許可を希望して止まないものがある。というのは、文化国家としてそういう企画は当然に許さるべきだと信ずるからである。

わたしは、ちゃちで安っぽい、お手軽式な計画をきらう。そんなものならない方がましだと思っている。

お手軽、間に合せ、それはまさに文化の敵だからだ。物価は引下げ運動が必要だが、文化はどこまでも引上げ運動が大切だからだ。戦後における文化はいちじるしく低下した。それをそのままに放置するわけにはいかない。わたしの文化設計は文化の引上げ運動に外ならないのである。

(1)洋画家(1883～1967)　(2)指揮者、作曲家(1898～1973)、近衛文麿の弟　(3)テノール歌手(1898～1976)

わたしは、わたしたちの住む地域を芸術の香り高い文化の地域にしたい、と宣言した。そのために文化委員を委嘱したいと考えている。建築については石原憲治博士[1]を、公園については井下清氏[2]を、土木計画については、山本亨氏[3]を、といった風に。道路、交通、照明、行路樹、橋梁等について、また芸術文化の各部門にたいして、それぞれの適任者から教えを乞いたい。緑樹に囲まれた画廊もほしい。文化殿堂を建て、そこには文化的集合や清い享楽がありたいものである。

沿線と駅付近を美しく

中央線に沿ってポプラ、アカシア、プラタナスの行路樹、そして省線電車は森の中を走るような快適感。駅の歩廊にはすっきりした広告ばかり、美的観念を与えるような、俗悪なものさらになし。駅頭には目をなぐさめる花壇があって色とりどりの花を咲かせ、芳香はあたりに漂い、柔らかな雰囲気を人々にあたえること。総じて駅の付近には広潤な感じのあること。キオスクなども清麗であるとすれば、そこで売るインクの香の高い新聞雑誌も薄っぺらなものではいけないという気にもなるであろう。

美しい地域、道はひろく清潔に、森は緑を湛えて静かに横たわり、道路を照らす照明は風雅に、森の中は、散策と憩いに通ずるように。音楽堂もあれば、噴水は晴れた日の光をうけて、虹いろの飛沫をちらし、緑樹の蔭には大理石の平和な女神か芸術家の彫像が立っていて、木の葉を洩れる光線が好もしい陰影をつけている。こういう杉並区に住む青年男女は、聡明な目をして知性の高さを示し、とり交す対話もすぐれた戯曲の中の台詞のようなものであってほしい。

ほんとうによいライブラリーをもちたい。ある人が荻窪に高級なよいライブラリーを奉仕的に建設しようという意思を、わたしはきいている。よいライブラリー、それをわたしは何よりも欲する。その図書館は白もしくはクリーム色の建物であらしめたい。その建物をかこむ庭は緑の芝生と草花とが目に美しく、読書につかれて充血した眼を憩わせるであろう。ベンチが花壇の傍に置かれている。そこは思索と瞑想との場所たらしめてもいい。幻想に耽ける場所にしても。

子供たちにとっても、町全体がアンデルセンやグリムやハウフの童話そのままでありたいと思う。

わたしは、大宮公園を清らかで清閑で、しかも近代的な美しいものにしたい。わたしはまだ区の全地域を隈なく歩いてはいないので、どこを夢の材料にして設計しようとする方針は立たないが、ただここに少しく手を加えるならば、いくらでも夢の都市計画が出来そうに思われるのである。

緑地と家屋とを巧みに調節させる。省線近くは広場に、駅を降りると、露店の並ぶような情景はわたしの希望からは遠い。道はかなりひろげられたが、わたしの文化設計としてはあの道の二倍ぐらいの広さがのぞましい。線路寄りに沿うて家屋が近接することは面白いことではない。そこはかなりのひろさにおいて緑地であらしめたい。ひろい道、そこには行路樹があれか

（1）都市計画学者（1895〜1984）（2）造園学者（1884〜1973）、公園行政の第一人者（3）土木技師（1892〜1964）

しと思う。

線路に沿うて並行の並木がほしい。駅の近くには文化的の香りが何らかの形で、色で、のぞましいものである。

駅頭が広場であってほしいのは、そこを人民討論場であらしめたいからだ。人々は集まって機智と理性の討論会たらしめ、選挙のときなどは意見発表の場所とも出来るからである。どうしても広場と大通りが要るのだ。現に、杉並の中心となろうとする傾向のほの見えるのは荻窪北口である。思うに、それは大通りが東から西に流れているからではあるまいか。

果樹園と牧場も

わたしたちの住む地域の、いってみればスカートにあたるあたりは、農村的形貌を備えている。だが、そこといえども、やっぱり都会的なひびきは常に伝わっている。いってみれば、杉並区は生産地域である。米麦の供出も相当量ある。といったところで、米などは区民の一週間分の食糧にも足りないけれど、とにかく都内では生産地区である。農民組合もあれば農地改革委員もある。だが、わたしはこの地区の農業形態はもっと多角的にもなり、有畜農業になってほしい。蔬菜《そさい》や果実を、もっとさかんならしめたい。美を主としたいのではないが、果樹園の美も出現せしめてほしい。

地区内の農地を新しい都市生活にマッチさせたいものである。そこに現出する都市農地の新景観、それを夢にしたらどうなるか。道もそれらを貫いて白く広く、多角農業に多角都市としての清新さを絵のように描いてみたい。チューリップの球根は、百合根よりはうまいそうだ。チューリップの畠は、オランダのようにあらしめたいものだ。道をゆけば芳香の漂うような地域。この世ながら楽園の模写のようなところ。蝿も蚤も蚊も一匹だっていない土地。それがわたしの杉並区の夢。

多角的な畜産農業であることがのぞましいとすれば、牧場もほしい。林をバックに、牧牛の風景もあっていい。嬰児をして乳不足で泣かせたくない。馬も山羊も豚もといった風に。現在は牛一頭が二万円も、それ以上もしている。従って山羊の仔一匹だって高価であるが、そうした設計のためには、仔牛仔馬仔山羊が何とかして安くなるようにしなければならない。

それに、牧場の春も快い眺めだからだ。それらの風景が都会的な要素と巧みに調和するようにしたいものである。

すみずみまで近代的舗装路が白く流れて……

現在のところ、道路のよいのは幾部分かであって凡てについては遺憾な点が多い。しかも武蔵野の地質は、そのままでは道路に不適当である。文化は道路によって象徴されているとしていい。日本一の幹線道路であるべき東海道の国道すらが話にならぬ。杉並区の道路がほんの一部をのぞいて、近代的観点から道といっていいかどうかはあきらかに問題だ。そこが文化地域であるためには、道路が隅から隅まで近代的舗装となって白く流れてあらねばならない。文化地域はまず道路からである。ところが、財源と資材の不足からあのおとし穴のような大穴のあいたあぶない橋梁さえもが、なかなか手がつかないのである。どんな家でもいいから、人々に住む家をまずのぞむのだ。だのに、それさえが叶えられない。「狐は穴あり、そらの鳥は巣あり、されど人の子には枕するところなし」といった聖書の文句を思い浮べたいほどの住宅不足である。その状態にあって、何の文化設計ぞや、という嘆きなきをえない。

また、人々は栄養失調にともすれば陥ろうとする。そのときわが文化設計でもないものだといえもしよう。だが、それにもかかわらず、わたしに文化設計の必要と思われるのは、人はパンのみに生きるものではないからだし、日本が文化国家としてこれから立ってゆく上にも、文化促進の義務が課せられているからである。

文化にもいろいろあるが、民衆生活の現段階では生活文化であることが基盤だと思う。その上に咲く芸術文化である。わたしの文化設計は、その両面を連接してすすめられねばならぬと信じている。

文化は雪の如く白し

過去の日本文化を過重するうぬぼれを日本人は止めなければならない。そうした愚劣なうぬぼれを捨てても、あるものはあり、のこるものはのこるのだ。それよりも文化の不足を反省すべきである。そうした反省と、それからくる創造的前進性がなければ、文化にたいする新しい設計は可能とはならないのだ。

わたしに思いのままのユートピア的構想をひろげさせてもらえるものなら、それこそ勝手な夢をひろげるでもあろう。

だが、あまりにも実現不可能なことをかきたくはない。わたしは杉並村長に過ぎない。で、わたしの文化設計は自ずから杉並地域に向けられる。文化設計は色も匂もあるべきだが、清潔に関心を置くことが重大な要素である。

清潔性を欠いた文化というものがありうるとしても、それはわたしの採択したがらないものなのだ。わたしがモンテ・カルロをわが杉並に望まないのは、それの与える影響に、清潔感がありえないからである。

ここで注意すべきは、文化設計は一に思索にまつべきであって、模倣や軽佻な思いつきからは適正なものとはならないであろうということである。

文化は雪の如く白いという感じがあってこそ、また、白百合が芳香を放つといったところがあってのことだ。わたしの文化設計を象徴的に表現するならば、まずそんなことがいえるようである。

❖

ドン・キホーテ黒亜館に赴くこと

わたしはドン・キホーテ気どりである。ラショナリズム[1]の古鎧を身につけてブラック・ハウスに乗り込む。秘書のT君には役不足でもあろうが、サンチョ・パンサを引受けてもらわなければならなかった。T君は、わたしの近所に住んでいる。毎朝誘いに来る。時には、わたしの方が誘いにゆく。サンチョ・パンサはドン・キホーテの従者ではあるが、われわれの間には主従の関係はない。というのは、われわれは常に平等の上に立つからである。

二人は相携えてブラック・ハウスへ出勤するのである。なぜ、黒亜館というのかといえばアメリカの大統領のホワイト・ハウス（白亜館）の向うを張ったもので、役所が戦争当時に黒く迷彩したままになっていたからである。わたしは、フランスの仮綴の表紙にあるようなクリーム色に塗り替えたかったが、予算がないのでどうすることも出来なかった。それが出来たとしたら、瑠璃の空いろの下に、さぞすっきりした景観を呈するであろうと思っていたのだ。そうすると、ホワイト・ハウスに対称するブラック・ハウスはありえないことになったかも知れないのだが……。

さて、わたしとTとは、ドン・キホーテとサンチョ・パンサのように、またスタインベック描くところの『人間と二十日鼠』の二人の登場人物のごとく連れ立って、黒亜館さしてゆくのであるが、大抵は都バスを利用する。二丁場なのであっという間に到着する。ときにはてくてく歩く。自動車もないではないが、ガソリンの割当てが少ないし、いざという場合に、自動車を使うために節約して置いたのであった。そんな近距離にいて、役所の往復に自動車を使用することはつつしまねばならぬと、確信したからであった。

Tはわたしの秘書となる少し前まで、栄養失調とかでひどく元気がなかった。元気になったので、「君、いやでなく、気が向いたらぼくの秘書になって下さらないかね」と、気を引いてみた。「面白かろう。一つやってみるかな」というのでなったのである。そこで、二人はクラブにでもゆくような軽い気持で出かけて行っているうちに、彼の元気も幾分ずつよくなった。けれど、どことなく衰残のかげは留まっていた上に、彼の蓬髪もそうした印象をつよめるのに役立ったらしい。何分にも文筆に関係のある身だけに、二人ともいちじるしくノンシャラン[2]であった。

ところが、誰いうとなく、区長は柔道四段の猛者を身辺の警戒のためにつれて歩いている、という風評が立った。わたしにそんな必要があるわけのものではないので、その風評にはまったく呆れた。だが、わたし以上に呆れ、微苦笑を禁じえなかったのはTであった。彼は「病後の僕が、四段どころかてんで柔道などをやったこともない僕が、柔道四段ということになるとは、さてもさても」といった。まったく面白いものである。その往復で一ばん気持のよい季節は行路樹の銀杏が緑の葉をつけるころで、それに初夏の白光がさんさんと照りそそぐときだ。街は明るく、気もそぞろになりえたからだ。

❖

（1）理性主義、合理主義　（2）無頓着でのんき

助役さんドン・キホーテに面喰らうこと

ブラック・ハウスに出勤するその第一日、わたしは助役さんたちにわたしの部屋に来てもらった。そして大きな、わたしの大きな事務机を叩いてこういった。

「わたしにはこんな部屋はいらん。何なら、君がここを使い給え。わたしは受付の隣に頑張るから。陣頭指揮といった言葉はミリタリスティックでいけないから使わないが、市民への親和のためにそうする。市民が来て、受付氏に区長さんいますかと訊く。その隣に小さな卓を構えているわたしは答える。

——区長かい。わたしだよ。ここにいるよ」

ところで、それがあとで問題になった。そのことは別に書く。ところで、それに応じてそのことを実行しかけたのに二人の区長があり、和歌山県下の村長さんがあったときく。もっとも、これは人の伝えたところなので、真偽のほどは保証のかぎりではない。

ドン・キホーテの考え方、やり方が、助役さんにしてみれば、きわめて突拍子に映ったのにちがいない。というのは、彼は永らく、何でも三十年にも近い間、役所づとめをしている。古い角度からすれば、まことに練達堪能の士とはあきらかにいいうる人物だったからだ。彼は役所における仕来りには通じて至らざるなしであった。だが、わたしは条理主義に立脚して、因襲を、不合理な仕来りをどこまでも、いってみれば砕氷船か、ラッセル機関車のように、それらのものを破砕して驀進《ばくしん》することを欲したからだ。ロベスピエール流にやるんだな。何故なら、この民主主義革命は、フランス大革命のそれと本質において少しも変るところがない。許すなら、反動の徒をギロチンにかけるぐらいの熱情と決定とが必要だ、と心のうちに呟いていたほどだ。だから、徹底的な断行が要請されているのだ。

四月下旬のある日、助役さんが、わたしにいうには、

「五月三日の新憲法施行の日がやがて参ります。で、今から準備にかからないとうまくゆきませんから」

「準備とはどうなさるんですか」と、わたしは訊いた。

「清酒をあつめるのです」と、彼は答えた。

その当時は今日とちがって、清酒をあつめるのはまったく容易ではなかったので、助役さんが手落のないように気を配ろうというのは分かる。だが、わたしは再びとい質した。

「清酒をあつめてどうなさるのです?」と。「地区の特権階級、といっては語弊がありますが、まあ、有力者たちですな、いってみれば、区議の方々や、小学校の校長その他有力者たちにあつまってもらって、清酒の杯をあげて万歳を、新憲法成立万歳を叫ぶわけです」

「それはよろしい、杉並区民全部が清酒の杯をあげて万歳を叫ぶというのでしたらね。でもそうなれあ、事容易ではない。第一、この時節にそんな大量の酒をあつめられやしないだろうし、あつめられたところで大変な金がかかる。よしましょう。区民たちの幸福と利益のために使うべき区長交際費を、少数者の有力者たちだけの、清酒の乾杯に使うのは面白くありません。

よしんば他の区の悉くがお祭り騒ぎをしようが、この区だけはだんぜん止めましょう。それとも何か別に適当なことを考えて下さってはいかがです。一例をいえば、学者を招いて新憲法の講演会でもしちゃあ、わたしの友人にもその方面の人たちがいます。何なら紹介してもよいですよ」と、私は答えた。

その結果であろうか、蠟山政道、堀真琴の二氏の講演を、役所の楼上で開催することになった。わたしは別に用があって、両氏の講演を拝聴出来なかったが、あとできくと、聴衆も多かったし、よい講演会だとの評判だったので、わたしはよろこばしく思った。

助役さん、神経衰弱になること

そのうち、放送局がわたしに「区長さんはお人よし」という題で放送せよ、という。依頼者はクールトリーヌの作品の『署長さんはお人好し』という戯曲の題目から思いついたのであろう。わたしは別にいうこともないと思ったが、乞われるままに快諾して卒直にこんな風に話した。

「区議会は区民生活にみっせつにつながっているものである。だのに区民たちはいつ区議会がひらかれているのか、そこで何がどんな風に論議されているのか、てんで無関心だった。で、わたしは区議会のひらかれる日を全区民に徹底するようにつとめたい。そしてその日は出来るだけ多くの人たちの傍聴をのぞみたい。傍聴券はいらないのだからどしどし来てほしい。議場が一杯になれば、廊下に立ってきいて下さい。それでも間に合わなければ拡声器を設けるから役所の前できいてほしい。なお、区長のわたしは区議会に近づくや、メガフォンで杉並区内を

どなり歩く」（放送の一節の大意）

すると、その翌日、助役さんがわたしの部屋へ来て心配顔していうのだった。

「区長さん、あんなことを放送なすっては区議たちを刺戟して困りますがなあ」

しかし、わたしはそのように放送したことが、どうして区議たちを刺戟するのか、少しも のみ込めないのであった。きわめてあたり前の、そうあるべきことを話しているのではないか。

それから、隣の部屋にこれまでの区長たちの肖像がかかっている。それらを降ろしてどこかの隅にしまって置いてもらいたい、とわたしは希望した。吏員はわたしの言うままにそれらをどこかへしまい込んだ（今はまた元通りにかかっているかどうか、わたしは知らない）。この理由は、あの人たちは市吏員が廻されてなっていたのだ。彼等は市長の任命である。ところで、わたしは杉並の民衆たちから辞令をもらったのであるから、あの人たちとは異質的である。民主行政の意味をはっきりさせるために、そうしてほしいというのである。

さて、これはあとの話だが、区役所からたのまれたという画家が私の家に来て「あなたの肖像画を描かしてほしい」という。「何のために？」ときくと、区長としてのあなたを記念して役所に飾って置きたい」というから、わたしは「それは平にご免を被りたい。わたしのこんなまずい面をかいて飾ったところで意味はない。それでも君が描かねばならぬとすれば、わたしの顔の代りに、花でも描いてもらえないか」というと、その画家も「わたしもその方が楽でいいのですがねえ」と答えた。

あとで、何かの用があって区役所へ出かけたら、菊池助役が「役所の歴史ですから、是非とも肖像画を」と懇願したけれど、私は断乎峻拒し、依然として花弁なり、風景なりでもと主張して譲らなかった。

いろいろのことがあったが、それも別に書こう。わたしは繰返しいうが、別に奇をてらうつもりは毛頭なかった。ただ、わたしにとって、それがそうあるべきだと思えることを、いったり、したりしたのに過ぎないのだった。しかし、役所の給仕からふり出しに長く役所づとめをし、八丈の庁長まで何十年か吏道を歩んで来たわたしの助役さんが、わたしのやり方に面喰らったのも無理はない。わたしは助役さんを困らせるつもりは毛頭なかったのだ。ところが、ある日、助役さんがひどく困惑した面持でわたしにいった。

「区長さん、わたしは神経衰弱になってしまいました。わたくしは区長さんにどうお仕えしてよいのやら、ほとほと弱りました」

わたしは、彼の苦衷は十分察することも出来たが、しかし、彼のお仕えするという言葉が気に喰わなかった。だから、こういって答えた。

「助役さん、わたしはあなたに仕えられているのではありません。民主主義の行政においては、役所内で仕えるということもない筈です。その言葉は民衆にたいしてはともかく、役所のうちではあなたもわたしも平等なのです。ただ仕事の分担若しくは分野に相違はありましょうけれど。だから仕えるなんておっしゃらないで下さい」

形式に悩まされること

わたしが首長になり、区議会議員の改選が間もなく行われるというときであった。都知事から旧議員にたいして金一封？の伝達式をやってくれとのことで、その書類がわたしの手許へ係から廻されて来た。それによると、書類には、伝達式の日に出す清酒、するめの予算の計上書があった。わたしは係の人に部屋に来てもらって、この清酒するめは止して下さい。何にも出さぬのもと思うから餅菓子二つくらいを皿に入れて番茶で結構、この書類をやり直して下さい、といった。すると、書類に同じ予算額で、清酒するめは止めたが、餅菓子、乾菓子、果物となっていた。そこでわたしは再び係を呼んだ。そしていささか激語した。

「君、ぼくが君にやり替えと命じたのはこんなことではないのだ。たとえ少額の予算でも区民たちの生活に資するために無駄なことをしたくないと、思ったからだ。公費であればこそ、一そうぼくはいうのだ。ぼくの意のあるところがどうして分からないのだ」

その日――伝達式の日――が来た。旧議員が洩れなく集まったらしい。わたしは一場の挨拶をした。

「都知事が皆さんに伝達式をしてくれとのことで、ご多忙にもかかわらずお出でを願って恐縮に存じます。あなた方は、過去において区政に大変ご尽力下さいましてまことに有難うございます。なお将来も直接並びに間接（といったのはその出席者たちの悉くが再選されるとは思えなかったので）に区政のためにご尽力をお願いします」

そういったあとで、わたしは語をついで、「時に、わたしは式というものがすきではありませんのでね。安井君[1]からの申し出があったのでやるわけですが、あなた方お忙しいのにわざわざご足労を願って相済みません。この一封の中にいかほどの金額が入ってるかは存じませんが、わたし共文士が雑誌社から稿料を書留でうけとりますが、この金一封もあなた方のお宅に書留で送るという風にすればよかったのにと思います。そうすれば、ご足労にも及ばなかったと考えます」

式は簡単に終った。彼等の双頬を快く染める清酒もなく、餅菓子の二個では殺風景も甚だしいぐらいは、わたしといえども知っている。彼等も何という奇妙な区長だと思ったことだろう。しかし、わたしはそれを知っていながら信念のために敢えてやらざるをえなかったのである。世間一般はその種のわたしのやり方を、多分非難することだろうと思う。

辞令を破って棄てる

また、わたしが区長になったとき、まったく民選であり、わたしは民衆から辞令をもらったものと思っていたのに、なった当座しばらく、官吏みたいになるということで、わたしは極度にわたしの肝にさわった。わたしは直ちに区長をそれだけの理由でやめようかと思ったほどだった。ところで、その辞令を都庁へとりに来いというのであった。仕方がない、とに角ゆくことにした。すると、役所の吏員がわたしが都庁へゆくときにお伴するという。「冗談じゃない、俺だって子供じゃあるまいし、都庁ぐらいはひとりでゆけるよ」と答えた。

「それじゃあ、わたしが困ります。そんなときについてゆくのがわたしの役目です」

「じゃ、仕方がない、君を困らせるのはわるいからね」

そして二人は、たしか省線に乗って出かけた。

安井君の部屋には各区の区長が参集していた。厚い紙の辞令であった。その時分は終戦間もないころで、紙はとても払底していた。わたしは安井君に、

「こんな紙飢饉のときに、こんな立派な紙の辞令はぜいたくだ。よろしく名刺型にすべきだよ。そしてパス入れの中へ一緒に入れて置くさ。酔払って往来に寝ていてもそれを見れば、これは何々区長ということで名札代わりになろうじゃないか」と冗談を言うと、安井君は「ごもっとも」といって笑った。

辞令を見た。その終りのところに、吉田茂宣とあった。それはわたしには元より分かってはいたが、「吉田しげのぶ」って誰だい、聞いたことのない男だなあ、とわたしは声高らかにいった。そしてその帰りに、その辞令なるものを早速ずたずたに引きやぶって、往来のごみ箱に投げ込んだのはいうまでもない。辞令なんて、そうと分かればよいものだとわたしは考えている。

ところで役所の係長が課長になったとき、その厚紙の辞令を盆にのっけて、わたしの机の前でその男にわたすのだ。すると、彼は小学生が修業証書を貰うときのように恭々しく三歩進み寄り、辞令を押し頂いてまた三歩ほど厳粛に後退した。式は終ったのであるが、そんなことを

（1）安井誠一郎（1891〜1962）、東京都の初代公選知事

しないでも、わたしがその辞令をポケットに入れてその男の坐っている机のそばへゆき「君、君は課長になったのだよ、これ」といって、辞令を彼の机の上にぽんと投げ出せばよいのではないかと思う。

「訓示」に閉口する

困ったのは、地域の新制中学の校長たちが決まったときだった。その人たちが役所で辞令をもらってから、一同わたしの部屋に来て一列に並んだ。助役だったか教育課長だったか忘れたが、わたしに「区長さん、一場の訓示を」といった。

仕方がないから何かいわねばならぬ羽目に陥った。わたしは饒舌でおしゃべりはするが、訓示といったようなことはきらいで、肌に合わない。

「わたしは訓示はきらいで、何もあなた方に申し上げることとてはありません。あなた方は新制中学の校長さんにお成りになった。お目出度うございます。どうか何分よろしくお願いします。わたしの考えますところ、民主主義の教育というのは生徒たちに自主独立の精神をもたせのびのびと彼等の個性をのばさせてやることの一語に尽きるのではないかと存じます。それから用があれば、わたしの方からあなた方の学校へ出かけましょう。あなた方の方からせいぜいご足労のないようにしたらと思っています」

そんなことをいった。味のない、挨拶であった。

訓示、その言葉はどうにもわたしの肌に合わないものであった。

「式辞」を書きなおす

さて、新制中学が開校するようになった。教育課の係のものが「区長さん、式辞をかいて下さい」といって来た。わたしは、式辞を書いた経験はないから誰方《どなた》か書いてほしいといった。その後、幾日かして式辞が出来あがって、わたしの手許にもたらされた。それはとても型にはまった、むずかしい文字で綴られたものであった。記憶にのこる一節をあげると、

「文部省令により六三三制の施行するにあたり、諸子……」

といった調子で終始していた。新制中学生の初年級はまだ元の小学校の高学年ではないか。それにこんな式辞はむずかし過ぎ、いかめし過ぎて児童の胸にアピールするところは少なかろう。それにわたしも文士の一人として長らく生活して来た手前もあったので、きわめてやさしく書くことにつとめた。諸子とあるところは、みなさんと改めたばかりでなく、全文をかき直した。このときの全文は忘れたが、

「皆さん、リンカーンは大統領のときでも自分の靴は自分で磨いたということです。それを見て、ある人が大統領さま、靴ぐらいは誰かにみがかせてもいいではありませんかといったら、リンカーンは自分の靴は自分でみがくのが本当ですと答えたそうですが、その通りだと思います。民主主義とは、自分のことは自分でするということです。自分で出来ることは、お母さんや姉さんにして頂かないことです。それから民主主義とは決して嘘をつかないことです」

といった調子のものだった。それなら新制中学の初年級にも分かってもらえると信じたので。

その後、ある学校の落成式があったときにも式辞をかいてもらったら、それも形式張った、

荘重というよりもいかめし過ぎるものだったので、わたしは又も平ったく、やさしく、しかもきわめてかんたんにかき直した。それからというものは、係の者は式辞の要るときには、区長さんのようにどうしても書けませんからどうぞ口述して下さいというのだった。書けないのではないのだ。平ったく、物いうようにかけばよいのだ。それはわたしをしていわしめると、何でもないことなのだが、その人たちは何となく形式のミイラにされているからなのだ。それはその人たちの悩みでもあろうが、こうした形式にはわたしもひどく困らされた。

一体にそうした形式や形式的思惟に民衆が憑かれている。一向に考えようともしないのだ。

歎き願う書とは

わたしはその一例として、歎願書をあげた。考えてみればすぐ分かることではなかろうか。民主行政において歎き願う書という表現はどうもわたしに解しかねた。

そこで、歎願書をもって来られた方に、歎願書とおかきにならないで何とかかいて下さいよというと、そういえばたしかに仰言る通りです。では何と書き改めましょうかと訊く。「そうですなあ、事情説明書とでもやりますかね」とわたしは答えた。「しかし係の方は、そんな場合には歎願書をお出しになるのですなあと仰言ったものですから、実は歎願書と書いて来ましたのですよ」とその人たちはいった。

役所ではこの点の刷新はまだ行き届いてませんからねえ。わたしが厚生省のために生活協同組合の講習会に行ったことがありました。講習が終ったあとで、二千円お礼をもらいましたが、そのとき、受取の用紙に一金二千円也、右請求仕り候也とあったので、わたしは厚生省の人に申しました。君の方がたのむので、わたしは講演に来た。それにたいして君の省がお礼を出すのは分かるが、右請求仕りはひどい。役所へ薪炭でも納めた商人にたいするのと同じ手口だ。そうした手続きのうちにも、封建制が歴然とのこっている。そうした点はすべからく至急に改めなければならないのに今もって改めてないし、改めようとしない。些事のようだけれどそんなところにも民主主義的改革は必要だと思うのですよ、ともわたしは歎願書を捧えて来た人たちと話し合ったことだった。

それから陳情についても、一般の人たちはどこまでその意味を正解してるかどうかとわたしは思った。陳情とは事情をのべることであって、感情をのべることではない。だのに、感情を湧き立たせ、激情を吐露するといった場合が少なくない。もしも陳情が字義通り事情をのべるということであれば、何も大勢で詰めかけずとも、陳情に来る前に事情をよく検討し、衆知をあつめて結論を出し、それを一人の代表者が当局に向ってじゅんじゅんとして陳述する。それを補足するためにほかに二人ぐらいの人が来ればよいのではないか。そうすると、陳情者の意のあるところも、よく了解出来るというものである。ところが、大勢詰めかけて左右からおのがじしに発言する。泡がわき立つように発言が乱れ散る。

「こんなに大勢していらっしゃらなくとも、およろしいのではありませんか。わけても、奥さんたちお忙しいでしょうに」と、わたしがいうと、その奥さんの一人は「だって学校の問題ですもの、大切ですわ」といった。

「それは分かって居りますが、しかしそうガヤガヤ仰言っても仕方ありませんですよ」と、わたしは答えた。そして「こう大勢して押しかけるのは、強訴の形式になって愉快な現象でありませんからね」ともわたしはいった。

その昔、百姓たちが徒党を組んで代官に訴える、という徳川時代のあるときの光景がふと浮んだからであった。デモならデモでよいが、デモやら陳情やらちょっと判別のつかない陳情がある。そして外国のことはよく知らないが、日本の役所に対する陳情は多分に示威運動の要素が含まれているように思われる。

陳情がわたしの考えるようなものであれば、さぞおだやかでよさそうに思えるのだが。

デモの解釈について

ところで、そのデモだが、それについても、ハッキリした認識がないのではないかという気がする。

デモであるが、これはデモンストレーション（Demonstration）の日本的略称であろう。その意味は、表明であり、表示若しくは表現である。で、感情の表示もあれば、威力の表示もある。感情の表示、それは表情（Demonstration of feeling）であり、威力の表示、それは示威運動である。威力を示すには勢のよいのがいい。多数であればあるほど勢威を加える。勇ましいほどよい。襷がけもよく、乗馬姿もいい、手に手に旗、小旗もよい、スクラムをくむのもよければ怒鳴り、叫び、歌い、演説するのもよい。しかし、デモといえば示威運動とだけ早合点すべきではない。

もう一つのデモは事理を説き明かす、方法を教えるというにも用いることをも知らなければならぬ。杉並模範保健所がいよいよ新しく出発するとき、サムス准将(1)が臨席し、ここでのやり方をこれから保健所に働く人たちにデモンストレートしなければならない、といった。そうした意味におけるデモもあるのである。デモ？それあ旗をもち出せというだけでないということだけは知っていなければならない。ところが、そうした点で、デモにたいする解釈もこのようにいろいろあることを知る必要があるのではなかろうか。

そのほか文字の誤用でも、かさぶたのような形式でも、全く乱れとんでいる。それには全く悩まされる。文字についていえば、冠婚葬祭は四つで、冠礼、婚礼、葬礼、祖先の祭典である。それを冠婚＝結婚、葬祭＝葬式といった風に使用しているかに思える。協同組合を協同組合と書いている場合が少なくない。しかし協は愶の略字で、威力をもって脅かすの意味である。間違った文字を書くぐらいならむしろ仮名にした方がよいのだ。文字の用法にせよ、形式の踏襲にせよ、一体考えることをしないのであるから、間違ったら間違ったままいつまでも行われてゆくのである。

それには全く悩まされるより外はないのである。

❖

（1）ＧＨＱ公衆衛生福祉局長

伊原画伯の裸体画をかけること

伊原宇三郎画伯は、わたしと郷里を同じうする人であるが、手紙をわたしに寄せて、絵を貸してあげるから、君の執務室の壁間にかけては、といってくれた。

わたしの部屋には誰が描いたのか分からない、素人のわたしが見ても大してよいと思われない日本画が壁にかかっていた。一方の壁間には頼母木桂吉氏の揮毫にかかる「至誠奉公」という扁額がかかっていた。わたしはそのマンネリズムに堕した「至誠奉公」という文句が面白くないとして二つともとり下げてしまった。

出来ればセザンヌでも、マチスでもかけたいのだが、それは夢想である。ところが、伊原君なり、地区在住の友人の洋画家たちが絵を貸してあげるから君の執務室にかけときなさいといってくれた。しかし大切な製作をいくつも拝借したのでは保険料が高くなるので、伊原君のものだけを借りることにした。六十号の裸体画である。そしてそれは、逞しい巴里美人を描いたものだった。いかにもボリュームのあるよい作で、伊原君のものでもすぐれたものの一つだとわたしは思っている。

ところでわたしの執務室に現れた一人の区議は「これあ、ひどい。区長は執務の合間あいまにこれを見てやに下り……」といったので、わたしはおどろいた。まさか君たちは芸術が分からぬから困ったものだなどということはしなかったが。だが、裸体画を見て右のようにいうのをきくと、遠い以前の時代のことを思い出させられた。

頼母木さんの扁額のあとに、わたしは金森徳次郎氏に「以㆓春風㆒接㆑人」という揮毫を頼もうかと思っていた。それは何かの雑誌に金森さんが佐藤一斎の右の言葉を座右の銘にしていると書いてあったのを見たからだ。春風のような柔らかさで人々に接することは民主主義行政の要諦だとわたしには思われたからだ。だのに、陳情に来る人たちのうちにはわたしの前の執務机を拳で叩いて荒々しい言葉で、いってみれば喧嘩腰でどなる人たちもないではなかった。「以㆓春風㆒接㆑人」どころか、烈風をもって、暴風をもって人に接するといいたいぐらいだった。そんな人たちがもっとおだやかにしてくれないものでもないと思って、金森さんに一筆を振って頂こうかと考えていたのだが……。

役所の部屋はギャラリーではないけれど、文化国家を目ざすかぎりは、これといった絵画、それにふさわしい文句の揮毫の扁額があってもよいのではあるまいか。というのは、そうした部屋にかかっている扁額の文句というものは大凡きまり切った、例えば「温故知新」とか「至誠奉公」とかいった文句だからである。といって、片山哲君が新橋駅の一室にかいてある「自由平等」でも味がなさ過ぎる。日本人はどうして自分で揮毫する文句を考え出さないで、漢籍のうちから文句をかりて来るのだろう。拙くともよいから、その人自身の言葉をかけばよいではないか。わたしはそう思うが故に、つとめて自分の言葉を考え、あるとき朝日新聞の同情週間のために「清徹無惑」と色紙にかいて送った。清く徹すれば惑いなし、という字句が適切なものかどうかは知らない。しかし、いくら拙く、もしくは意味をなさないにしても、わたしのはわたしが案出した字句であった。ところが、その色紙を買ったという埼玉県の人がわたしに手紙を寄せて「先生の色紙が手に入りました。ついでにお伺いしますが『清徹無惑』というのは一体誰の文句で、何から引用なすったのですか」という意味の質問をうけたので、わたしはぎゃふんと参ったことがある。それというのも、多くの人たちが文句を書くときに自分で案出しようとせず、イージー・ゴーイングに先哲賢者の名言を引用することが普通になっているからで、何もわたしに「清徹無惑」の出所典拠をきかれた方の罪ではないのだ。

人々に自分の言葉をもたねばならぬ。古句をいつまでも反芻していたのでは、進歩がないということになるのではなかろうか。

❖

区長の机を受付に置くといったこと

わたしは、自分の執務の机を受付の隣に置いて区民が来て受付子に「区長さんはいますか」と訊く。そうすると、「わたしはいるよ、わたしが区長だ」と名乗ろう。それほどに区長は区民とじかに触着するぐらいでなければと、わたしは声明した。それはそうだといって呼応した幾人かが全国の首長のうちにはあったときく。

執務の机を窓口へもっていくと声明はしたが、わたしはそうしなかった。すると、はたせるかな、区議会はわたしを攻撃した。

「区長が窓口へ机をもってゆくといっておきながら、一向にもって行っていない。それにたいして何と答えるか？」というのが、質問の急所であった。

それにたいして、わたしはおもむろに答えた。

「わたしがああいったのは、心構えを表明したのに過ぎない。わたしは、窓口に机をもっていって市民を待つのはまだ消極的だと思っている。わたしはもっと積極的な態度をとっていることを知って頂かねばならぬ。すなわち、わたしの事務の机は常に街頭に進出し、絶えず移動しているのである」

そうした字義通りにしか解釈の出来ない頭の構成する論理、その攻撃を事前に予想して、わたしはプラカードを高く掲げ、高円寺の駅頭から荻窪の駅頭、さては高円寺都電車庫前の配給所の前に立った。

「さあさあ皆さん、集まって下さい。これまでの区役所でどんなことが不便だったかを忌憚なく仰言って下さい。それからわたしにああしろ、こうしてほしいというものがあれば注文して下さい。もっとも、こうしてほしいと仰言ったところで、わたしに出来ないことも沢山ありましょう。御注文があっても、わたしの権限外のことなら駄目ですが……」

すると、七十あまりの老婆がわたしのところに近寄って、

「あのねえ、区長さん、マッチの軸が細すぎて擦ると直ぐ折れて困るんですが（註、終戦直後だったので、マッチもたしか配給、軸も弱々しくて擦ると直き折れるのが多かった）あれあ、何とかならぬものですかね」

「お婆さん、あんたの仰言る通りです。しかし、これはマッチ会社のことですから、わたしがマッチの軸を太くして折れないようなものにして差しあげるというわけにはゆきませんですが」

もう一人の四十がらみのおかみさんは、

「どうも税金が高いのでやってゆけないのですがね。何とかして頂くわけには参りませんでしょうか」

「税務課というのが区役所内にもありますが、税率は税務署、というより大蔵省で決めてくるので、区役所では徴税の手つづきをするだけですが、区税、とくに大衆課税によって得た税額は、区民大衆のために使うようにしなければならぬと思いますよ」

面白い、有益な質問も数多くあったけれど、それをここで一々書くわけにもゆかないが、そのように、わたしはプラカードを押し立てて幾度か街頭へ進出した。だから、執務の机は積極的に進出していると答弁が出来たのであった。それに別にプラカードは立ててはいかなかったけれど、街頭での自然執務は決して少なくはなかった。あるときは街上で転入のことを訊かれ、ある夜、荻窪の都電の終点に立っていると、三十五、六の女の人が（子供をおんぶしていたと

記憶している）わたしをとらえ「あなたは区長さんでしょう」という、「そうですよ」と答えると、その女はこういった。

「あたしたちは引揚者ですが、今はある家に寄寓しています。しかし、そう長くお厄介になっているのはお気の毒ですから、家を建てようと思いましてね。それはそれは並大抵の苦労じゃございませんでしたけれど、建築の資材だけは、とにかく集めてみました。けれど土地がございませんの。ありましてもかりるにも権利金は高く、買うにしても地代が高いのでどうにもなりませんの。どこかに安く借りられる土地がありましたらばお世話下さらないでしょうか」

わたしは彼女の所番地をノートに書き留めて、一つ骨を折ってみましょう、頃合の土地がございましたら、おしらせすることに致しましょうといって、彼女と別れた。そんなことは数限りなくあった。だから、わたしはわたしの執務机は積極的に街頭に進出しているという論拠があるのだった。

こんな構想は許されていいかどうか知らないが、わたしは首長というものの第一要務は、その地域に隈なく通暁し、そして地区の住民たちがどうすれば暮しよくなり、幸福に便利になるか、それについてのプランを構想することにある、と信じた。その構想は何も役所の出勤に拘束されず、地区はそっちこっちとぶらぶら歩きながら発想すればよい。その発想を助役その他に検討させて、出来るものなら立案させることにすればよい。そこでわたしは、自分の区長月給を全部ほおり出すから、も一人助役を傭ってほしいと申し出た。しかし、区議のうちには「そんなことはなさらなくてもいいではありませんか」という説もあって、わたしは止めたが、わたしは月給は貰わなくても、暇々に原稿を書けば区長の月給ぐらいわけなく入ると信じたから、このように決心したのであった。

事務に始終することへの異議

しかし、わたしの首長にたいする考え方は許されなかった。事務は事務で、創造的構想ではなかった。だから日常性に終始する散文生活以外でないことが分かった。わたしが首長の職がいやになった一つの深因はそこにあった。

モンテーニュはボルドーの市長だったことがある。落合太郎氏の著作『モンテーニュ』には次のような記述がある。

「モンテーニュには就任（市長の）に際してまず第一に、彼の個人としての自由を留保し、その一片だも譲らざることを、極めて卒直に選挙者たちに言明した。同時に、自分の性格をみずから反省し、それをありのままに表白した。記憶力を欠くこと、眼識は無く、経験は無く、また精力もないこと、しかし、愛憎も、野心も、利欲の念も無ければ、横暴な性質は全く無いことを、なお市長としての自分から人々は何を求め、何を期待すべきかについての限界を予告したのであった」（落合太郎『モンテーニュ』一〇四頁）

わたしは、モンテーニュが市長であり、ジュール・ルナールが村長であったことを好ましく思っていた。で、関根秀雄氏が『賢者と政治』（モンテーニュの政治論——生活社版）を贈って下さったのは有難かった。もっともわたしはモンテーニュのような賢者でもなければ、ルナールのような芸術家でもない。きわめて平凡で、何の他意なき人間であるに過ぎない。そして「眼識は無く、経験は無く、また精力もないこと」は自分も十分承知している。しかし、「愛憎も、野心も、利欲の念も無ければ、横暴な性質は全く無いこと」だけは自分でも断言出来た。

わたしは、ただ切々として民衆の生活がよくなれかしとのみ思った。そして、そのためにラショナリズム（条理主義）に終始しようとしただけである。このために、首長というものはよりよき市民生活のために十二分に構想すべき責務があると考えた。単に事務を事務としてとるだけでは足りない。そうしたことは助役に任せてよい。構想をし、大方針を建て、そして各員をして自己の責任と良心によって処断させればよい。彼等が判断に迷ったときに初めて首長の見解を求めればよい。役所の仕事をチームとすれば、わたしは首長なるものは監督だと考えた。ピッチャーでもなければボート競漕のコックスでもないと思っいてる。ところで、日本ばかりではなく、また世界各国の共通では、わたしの思惟する首長観になっていないことは、わたしとしては、はなはだ残念である。

わたしもモンテーニュのように、個人としての自由はどこまでも留保したかった。自由を留保して、自由に動き、地域の住民のために全力をあげて構想すべきだと思った。視察につれ出されなくて、とっくに自発的に見、かつ知り、その上で構想して置かなければならないのだ。それを区長は勤務時間中は執務の机に縛りつけられていなければならぬというのが一般の常識である。わたしは、それはあきらかに旧観念だと思っている。だから、区議などが自分勝手に区長室に現れ、区長がいないとぷんぷん憤慨して「きょうも区長はいねえのか」などという。

だが、区長が不在でも助役が居り、それぞれの担任者がある。それらと用を談合すればよいのだ。民主主義とは、責任の存在も分権になっていてよいのだ。わたしは国会などでも総理が出席していないから、大臣が着席していないから質問は中止するという議員がいるが、それらはまだ事大主義の残影をとどめているものだし、一方からみると、民主主義的に責任が分権されていず、依然として中央集権的な旧意識を残しているものだと、わたしには考えることが出来るのである。しかもなお、この点に少しも悟るところがない。民主主義の細目的な実現も前途なお遥かなりと思わざるをえないと思う。

役所に案内係を設ける

窓口について思い出すのだが、アメリカの役所では、四十から五十歳くらいまでの婦人を傭って置いて、しずかに廊下鳶《ろうかとんび》(1)をさせておく。人が役所に来てまごついていると、その人に「何の用件でお出でになりましたか」とねんごろに訊ねる。「これこれの用件で」と答えると「そうですか、それではその課をご案内しましょう。こちらへいらっしゃい」といって導く。「時に、そうした場合には、こういう風のものが要るのですが、あなたさまはそれをおもちになりましたか」と訊いて「もって来ていない」といえば「それをお持ちなさい」といって一旦帰すのだ。そうすれば長いあいだ時間をまたせずに済むことになる。

その話を久我山方面に現住していて、在米中そうした仕事をしていられた婦人が来て教えて下さったので、そこから示唆をうけ、わたしは役所に案内役の女性たちを数名設けることにした。期せずして、感じのいい、明るい女性たちが役所の吏員の中からえらばれた。それは大変好評を博したようだった。それを他の役所でも学びとってくれたということもきいた。

ところで、わたしはそこでいろいろきく区民たちは、日にせいぜい五十名内外かと思っていたが、案に相違して日に少なくとも三百五十名、四百名、多いときには六百名を遙かに越すということになったのでおどろいた。

役所の事情なり、自分の用件を役所のどの課へもってゆけばいいか分かった人は、どしどし案内なしに入ってゆくのだが、そうゆかない人たちが非常に多いのである。

窓口も民主化されなければならないが、人々もまた民主化されてほしいと思った。何をどうするか、自分の用件はどういう風に、どこで処理が出来るかを考え、それを自分で運んでゆくことが区民の民主化だからである。

❖

（1）廊下をうろうろと歩き回る人のこと

政治力がないと攻撃されたこと

わたしは、しばしば、彼等区議会議員から区長は政治力がない、といって攻撃された。だが、その場合の政治力とは何だ?そこから考えてみようではないか。

区長の政治力とは、区議会議員の操縦なのか。そんな考え方は、わたしはとらない。

わたしの政治力は時代の認識とともにある。その認識を基準とした政治力の把握でなければ政治力とはいえないのだ。

わたしは在職中、一度だって区議会議員と席を設けて酒食することをしなかった。民衆の生活窮苦に涙するものが、良心の判断から出来なかったのだ。席を設け、膝を交え、胸襟をひらいて区政を話し合うというのだが、わたしは席を設けなくとも、日常のいつでも胸襟をひらいているのだ。それなのに、席を設けて始めて胸襟をひらくことになるというのでは、君たちは日常においてわたしには胸襟をひらいていないということになるのではないかと反問したくなる。

政治力とは、他の区を出しぬいて都からより多くの交付金（後には配布税）をせしめることなのか。わたしは、そんなケチ臭い一区のエゴイズムは、わたしの性格からいっても、主義からしても出来ないのだ。

わたしは政治力に広狭の二義があると信じている。だのに区議会議員たちの多くは、未だに狭義における政治力のことしか考えてないのかと思った。その管見からすると、広義の政治力は目に映らないことになる。だが、考えてもみるがいい、狭い水溜にだって広茫たる空とあたりの風物を悠然として映しているではないか。彼等の考えている政治力なるものは、対都庁の折衝、都議会議員、区議会議員、各区の区長との連繋、地域内の彼等のいわゆる有力者たちとの諧調、それから同僚官吏員たちとの折れ合いといったものの範囲であるかのようだ。だが、わたしとしては主として広義の政治力に力点をおいた。そのうち最大の首座を占めるものは、地域民衆への関心であった。また地域を対象として大きく構想し、それのためになることに寄与することにあった。

わたしは新しい区長である

ところで、旧態依然たる物の見方、考え方によって曇らされている人々にとっては、旧制度の区長同様にしか新しい首長を見ない。もっとも、新しい首長といったところで、ほとんどが旧区長がなって居り、旧区長同様の考え方によって多くの区長が事務している現在、わたしの思惟はあきらかに異端であり、破型であるかも知れないのだが、わたしはわたしの所信を十二分に保って変えることを欲しなかったし、変える必要は絶対にないのであった。わたしとしては、地域首長は政治をするが事務をするのではないといった。民衆への良心を鋭くして、そのための構想と実践とに懸命であればいいのだ。片々たる事務に煩わされて民衆への関心を閑却するとすれば、それこそ又とない義務の背違であるとした。わたしは役所内の事務は助役以下の全員が責任と良心とをもってすればいいのだ。これを例えると、役所内の事務は製粉機の作業と見ることが出来る。首長はそのために米麦なり何なりの材料を運んで来ればいいのだ。それは民衆生活のためのよい構想がその一つだし、小地域を対策として大きく自由に動くことも必要だとした。そのためには必ずしも一定時間縛られたように区長の椅子に坐っていて、訪客を待ち構えていたり、印を押したりすることだけで能事畢《のうじおわ》れりと考えるわけにはゆかぬ。区長は印を押すだけの機械ではないのである。

ところが、訪ねる人々は区長は絶えず椅子に坐っているものという旧い観念をもっている。そして区長は、彼等が自分たちの所用のために来るとき、きまっていなければならぬと思っている。だが、それは彼等のエゴイズムなのだ。また、用件が区長でなくとも係の当局と話し合えば済むものを、区長でなければいけないと信じている。それこそが旧観念なのであって、そうしたことから離脱しなければ駄目なのである。その旧観念がこのわたしを非難した。そして、「区長はいついってもいない。あれはとかく大きく動き過ぎて困る」といった。その言葉にはエゴイズムが包まれていることを自覚しないのである。

❖

公私をどこまでも分明にすること

わたしの先生だった故小野塚喜平次博士(1)は、どこまでも公私の別を厳格に守られた方であった。先生は私用のために学校のインク一滴、罫紙一枚でもお使いにならなかった。

わたしは二年ほど博士の政治研究室で指導をうけたが、その部屋の書架にある本でインデックスで調べてないならば、その部屋で誰かがよんでいる。そうでない限り、インデックスで番号を見て、探せば必ずその部屋にあることにしてあった。博士はご自身の研究室であっても、先生はその部屋から一冊の本も持ち出されなかった。よみさしの本でも、小石川小日向台町のお宅から、日曜日でも、わざわざ研究室まで来られた。

そのくらいであるから、先生が図書館の責任をもって居られたとき、他の教授たちで公私を混同して図書館備付の書物を自宅にもって帰っているものは、全部図書館に返させたという話を耳にしたが、博士のことだからそれはほんとうのことだ、と思う。

わたしは、ある小学校の校長さんで公用のためのものなら罫紙一枚でも小使に買いにやらせるが、自分で喫むタバコは決して小使を使わず、自分で買いに行った、という話をきいて、わたしはその校長さんもえらいと思っている。

わたしは役所に出ると、私用のためには役所のインク一滴、ペン先一本を使わないつもりで、

(1) 政治学者(1871~1944)、東京帝国大学総長、吉野作造、蠟山政道らを育成

私用のためのインキ壺とペン軸ペン先をもって行った。だから、役所の人たちにも公私の区別を峻厳にしてほしいといった。

わたしのそうした言葉は野暮ったいエキセントリックなことであろうか。わたしはそうは思わない。なぜなら、それがほんとうのことだからである。私用のために役所の電話を使ってはならない。例えば、役所のものが家族のものに電話をかけて「今夜は何のおかずだい。何もないのだなあ。それじゃ俺は外で食って帰るからね」というような男が居るとすれば、それはあきらかに公私の混淆だ。自動車だって、どう考えても私用でしかない場合は慎むべきだというのが、わたしの持論である。いささか極端のように聞こえるかも知れないが、そうききとるものの方が間違っているのである。

公私の別をはっきりするには、公生活と私生活との別を鮮明にしなければならぬ。その論理が正しいと承認し、会得しうるものは、公用のために私生活を侵すのがわるいことだということが分かっている筈だ。ところが、日本ではそんなことにはてんで見境がない。困ったことだと思う。

わたしの意向を知ってくれていたのか、割合に私宅に押しかけて来る人は少なかった。それでも、区議でわたしの在任一年の間に、私宅を訪ねて来た人は数名あった。中には、役所では人が出入りするから話し難いので、というものもあった。わたしはそういった言葉をきくのがたまらなくいやであった。わたしは誰にきかれてもいい、大っぴらの話合いでなければご免を被りたかった。

あるとき、小学校の校長さんが何かの用で私宅をノックした。わたしは部屋にもあげず、その校長さんにいった。

「わたしが公用で私宅を訪問されることをどんなにいやがってるかをご存知でしょうが」

すると、この校長さんはこういって答えた。

「よく存じてはいましたが、近くまで参りましたので」

わたしは多少檄語の気味であったとは思うが、

「それはあなたのエゴイズムです。今わたしが微妙な発想をしかけていて、それが水蒸気が立ちのぼって形にしようとしていたのに、あなたの突如の来訪で形が崩れてしまいました。でこんなことを考えると失礼にもなりはしませんか」といった。

またある日、わたしの留守に数名のものが怒鳴り込んで来た。近所では暴漢たちが襲撃にでも来たものと思ったらしいことが、あとで分かった。

彼等はいずれも青年学校の先生たちであったが、教育課の何かの手ちがいで生徒百何十名がどういうことになるのかと、先生たちが心配のあまり押しかけて来たのである。「生徒百何十人が行方不明になりました」とだしぬけにいうたのであったそうだ。

彼等の一人が、区長がいないなら明日また来る。明日会ってくれないなら新聞紙に出しますぞ、と捨台詞を残して帰って行ったと家人から聞かされた。名刺も置いてゆかなかったのでその氏名は分からなかった。

翌日、彼等は連れ立ってわたしの私宅へやって来た。わたしは、その人たちを応接間に招き入れて対談した。と、いうより、わたしは彼等のうちでカーキいろの詰襟の服を着た一番元気らしい一人の男に向っていった。

「きのう、わたしの留守にやって来て、名刺も通さず、我鳴り立てたのは君か」

「そうです」と、その男は答えた。

「無礼じゃないか。君が青年学校の校長であることは分かったが、そんな、君のような男に指導されている生徒は気の毒に思うよ。僕は卒直にいうが、君のごときは教育家たるに適しないよ。他の区へ転勤したそうだが、僕の区にいるなら僕は断乎処分して躊躇しないね」

すると、その男の傍に坐っていた女の先生が、彼を庇っていった。

「この方、とてもいい方ですわ。薩摩隼人で、激情的なところもございますが、それはこの方の長所ですわ」

「僕は、このことはこの人の短所であるにしても長所とは考えません。それに、学校なり生徒なりの用件なら、何だって役所の方へ来なかったのです。この近所ではあんた方を暴漢が来たといってましたよ。いくら激昂したにしても、前後を忘却した態度は僕はいいとは思わん」

カーキいろの男は「役所へ行ってもいいのですか」といった。「冗談じゃあない。それが本筋じゃないか。そんなに常識がないのじゃ呆れるより外はない。僕は役所の手落のように思うが、助役のところへでも行ってみたまえ。君らに納得がゆくような説明をするであろうから」

そこにも公私の混淆があったのだ。

わたしは、政治の上に公私の観念がはっきりしないことが、曇天のように不愉快だったことを思い返すのである。

アナトール・フランスのこと

今は故人になった堀口九萬一《くまいち》氏（1）が、わたしにこんな話をしてくれた。

「君、アナトール・フランスは、月のうち一定の日、つまり日を決めて人に逢った。ティー・パーティを自宅で催して、客を招待するのだ。打ち寛いだ集団会見だな。で、もしもここにフランス氏に逢いたい人があるとする。すると、その人は既に招かれている人に頼むのだ。――わたしはアナトール・フランス氏にお目にかかりたいのだが、例の茶話会にわたしにも案内をくれるように君からたのんではくれないかねといって、既に招かれている友人に依頼するのだ。日本みたいに、相手の都合を顧みず、自分の勝手で押しかけてゆくといったことはないのだよ」

禍いなるかな、日本では悪意はないが、相手の都合あるいは事情を勘定に入れない無意識なエゴイズムをほしいままに跳梁させているのだから始末がわるい。西洋では訪問者にたいしてきょうは用があるのだというサインをチラッと時計を見てする。すると、訪客はさては主人公には何か用があるんだなと早くも察して暇を告げるということだが、われわれの間では、そんなデリケートな心遣いも思いやりもない。エゴイズムでそんなことは不感性になっている。民度の低いゆえんであろう。

そんな訳であるから、公私に関する鮮明な区分がつかないのも無理はない。公私の区別をはっきりさせるところに民主主義の神髄があるものと、わたしは確信している。

❖

（1）外交官（1865～1945）、堀口大学の父

民主主義とはどろんこの里芋を桶に入れてごりごりやること

ある日、荻窪のある地区の人たちが数人区長室に来て「区長、氏神の祭礼にやって来てくれないかね」という。わたしはそんな祭礼にはゆくことを欲しなかった。「嘘も方便」とかいうこともある。で、わたしはすなおに「それあ、有難う、是非伺いたいのだが、当日止むをえない先約があるので、まことに残念ですが」と答えようものなら、丸く納まるのだ。だが、わたしはそんな調子には出なかった。

「行ってあげてもいいが、君たちの氏神の御神体は一体何だね」

と訊いた。

「すさのおの尊ですよ」

「そうかね。こんな神話の神さまのお祭りなんかよせばいいのに」

すると、その中の一人が代弁して

「しかし宗教ですよ」

「そうか、宗教か。わたしは宗教としてすさのおの尊の教理教説を知らないのだが、一つ教えてくれんかね」

と訊いた。意地のわるい質問であることは、わたしも知っての上のことだ。すると、彼はそれに答えず（或は答えられなかったのかも知れないが）話頭を転じて「これは信仰だ。信仰はあった方がないよりいい」と、やや向っ腹を立てたかのようにいった。「鰯の頭も信心からというからね。でも、そんな迷信はよした方がよい」まったく無礼、無躾な挑戦になってしまった。彼等は怒るまいことか。「区長は徒らに挑戦して来る。それならこっちもこっちだ。国勢調査にはわれわれの地区は応じないようにする」といって、怒気満々と引揚げたのはいうまでもない。

兎のような助役は心配した。それにたいしてわたしはいった。

――民主主義とはどろんこの里芋を桶のなかに入れてひっ掻き廻しているようなものだよ。ああやって揉んでるうちに分かって来るから、せいぜい揉むにかぎる。

助役はどんな手を打ったのか知らないが、国勢調査に応じないと声明したその人たちを、うまく懐柔して事なきをえざらしめた模様であった。

一体わたしは、由来おだやかな男だが（そのつもりだが）、時にその種の態度にしばしば出た。好んでしたいのではない。わたしのいわゆる観念革命の信念から来ているので、偶像破壊的なことは大いにやりたかったからだ。

悪く思うなよ、杉並ホテル支部長！

また、こんなこともあった。地域の東京ホテル組合支部長と副支部長とが、わたしの留守に来て、瓶詰の清酒とするめとをもって来て置いて行った。この支部長の経営しているホテルは近所だったので、夜、さむかったが、わたしは風呂敷にそれらのものを包み、これを小脇に抱えてそのホテルを訪ねた。

「折角ですが、これはお返しします。お納め下さい」といって、もらったものをそこに置いた。支部長は恐縮したような恰好して、

「実は一席設けてお招きすべきだと思ったのですが、それは時勢に向きませんと存じましたので、ほんのおしるしのためにもって伺った次第で。何分いろいろご厄介になって居ますので」

「わたしは何もあなた方に厄介をかけられていませんよ。もしあなた方にそう思われる節がありましても、それはわたしが当然すべきことをしているのに過ぎません」

と、支部長は、「わたしたちの考えでなく、実は組合員一同の総意でしてな」

「そうですか、しかしこの総意が間違っていますよ」と、わたしはきっぱりいった。

彼は語をつづけて「わたし共は使いとして持参に及んだだけなんです」とのべた。

「しかし、支部長さん、わたしは理由なくこんなものを頂くとわたしの良心が痛むのです。あなた方は、わたしの良心をいたましめてまで、こんなものをわたしの許へお持ちにならなくともよろしいのではありませんか」

わたしがそういうと、彼は不本意ながら、それを納めた。しかし、わたしは思うことが出来た。彼は心の中で考えたにちがいない。——何て、可笑しな野郎だろう。唐変木奴《とうへんぼくめ》が、世間ではきわめて当り前のことではないか。いや、礼儀でさえもある。わたしらが好意でもって行ってやったものを、先達ては有難うとか何とかいって笑顔の一つもすべきだ。他の連中は快くうけとってくれた。だのに、区長の野郎は突返して来やがった。それに言草が振るってるじゃな

いか、良心が痛むから受けとれないのだとさ。あんな、変った野郎は俺も全く知らないよ、と。このわたしにだって、そのように考えるであろうことは分かっているのだ。分かっていて敢えてこのような行為をするのは、くだらない低俗的な因襲を少しでも反省させる動機にもなれば、と思ったからに過ぎない。悪く思うなよ、杉並ホテル支部長！

手打ちうどんをことわる

さらさらと事を運べばよいものを、何という余計な気遣いをすることよ、とわたしは思う。ある問題があって、わたしは自動車を駆って農地を視察した。その視察する箇所々々に農民は伏兵のように屯ろしていて、わたしのところへどっと押寄せて説明する。わたしは農民たちに好意をもってるだけに、彼等のやり方がひどく古風に思われていやだった。

ひる時が来た。ある百姓家へ案内された。その家の庭はひろく、武蔵野を偲ばせるけやきや樫や杉の古樹がその家と庭とを囲っていた。鶏が数羽、日の照る庭でついばんでいた。平和な、のどかな光景である。

わたしはふと、少年時代の郷家のことを思い浮かべた。外には暖い春光がさんさんとして庭を明るく照らしていた。そして生まれて間もない、雛っ子の二、三十羽がクリームいろの羽をしてピヨピヨと啼いていた。孤独な少年のわたしは、親しげなまな差しをしてそれらを見守っていたことがある。瞬間、その事を思い出したのである。それは同時に、少年老い易くの歎きも籠っていたにちがいない。

その幻想を「区長さん、何もありませんが、手打ちうどんが出来ましたから」という声がその家の主人から発せられることで破られた。目をやると、座敷の真ん中にまっ白のうまそうなうどんがざるの中に盛上げられて居り、これをたべる用意はすっかり整えられてあった。

「やあ、これはうまそうだ。ではご馳走になるとしよう」と縁端で靴を脱いで、その座敷に上がり坐り込めばよいのだ。それだのに、わたしは何といったか。

「わたしは弁当を持参しています。この弁当を使いたいからどうぞお茶だけ下さい」

それだけならよいが、さらに「わたしはボスではないからね」とつい口にしてしまった。

これは何も、その好意に満ちた善良な農民たちにいったのではない。

耕作除外例を要求している人たちが、都の建築課の人たちをよんできて運動し、料理屋でご馳走したのでは目に立つから、料亭で仕出しをさせ、それをあるお寺に運んでご馳走したという噂を耳にしたからである。むろん噂であろう。だのに、その噂がそのときわたしの頭脳にぱっと映ったから、それにたいする反射作用がつい口を突っ走ったのだ。

しかし、農民にたいしていったのではないが、農民としては自分がいわれたと思ったことと思う。そして何という融通の利かない男だろう。大した御馳走でもないし、自分でつくってついた小麦粉で作ったうどんではないか、たべたとてよいではないか、と考えたにちがいない。まったくその通りである。だから、わたしはわたしと同行した農地課の係には「君、頂いたらどうだね」とやさしくいった。

因襲と形式とが経緯となってでっちあげられた社会、そこに出来た全身的なできものにちょっとぐらい、針を刺し、うみを出してみたところでまったく仕方がないぐらいのことは、わたしだって分かっている。それにもかかわらず、敢えて人々のいやがることをやったのは、民主主義的条理をあくまで通してみたかったのに過ぎない。

二、三町のところでも旅費とは？

ある日、わたしの未決の函の中に一つの書類が入っていた。それは供出の実務に当ったものにたいする報酬についてのものだった。われわれの地区には人口約五千の農民が住み、従って、供出の問題がある。この実務を役所で担当するものが農地課である。その実務を担当しない区長に何千円？の報酬があり、実際実務に当った人たちは五百円、三百円、二百円といった少額なので、わたしはおどろいた。担当の課長、係長は報酬をうけてもよいと思ったが、区長、助役が、しかも何倍かの額で報酬をうけるのは不当である。これはわれわれは断って、ほんとうに実務に従事した人たちに多くあげるべきだとわたしは信じたので、この書類に次のように書き入れて捺印をした。

「わたしは供出の実務に従事したのではないから、この報酬をうけとること欲せず」

それを見た助役は、「区長さん、あなたは区長の名において、やっぱり実務に従事したことになるのですよ」といったが、わたしにはどうしてもそのことが理解出来なかった。

その助役はまた「旅費規程によって旅費の請求書を出して下さいませんか」というので、「わたしは公用の旅をしたことはないから、請求すべき旅費はないよと答えた。すると、「そんなことはありません。都庁へご用で出かけるのも旅費になるのです」と助役がいったから、わたしはおどろいた。

というのは、そんなことのために、わたしは自動車が与えられているのではないか。そしてそれに乗って都庁に何かの用で出かけたところで、仕事の一部であって、そんなことが旅費を請求しなければならぬ旅になるとは、わたしにはどうしても考えられないことであった。新聞社の社会部記者がヤレ東へ材料《ねた》とりに行った、だから旅費、ヤレ西に動いたから旅費ということにはなっていない。というのは、それは仕事に当然伴うところの動きだからである。わたしが何か役所の用で神奈川県とか、千葉県とかへ出張したとすれば、それは当然旅費を請求出来ると思うのだが、都庁へ出かけた、区長会議に出かけた、それも自動車に乗って、それが旅費になるとは、どうしてもわたしには考えられなかったので、私は旅費規程とかによる旅費の請求は遂にしなかった。

ところがある日、役所内の一課長の旅費請求の書面を見て、わたしはびっくりした。というのは、役所から民生館までが二、三町、[1] 少なくとも数町とは離れていない。それだのに、そこへ行ったことが、その課長の見解によれば旅費になるのだ。もっとも、それには一定時間量の問題があって、何時から何時までと明記はしてあるにしても、それが旅費になるということは、われわれの常識としてはどうにも合点がゆかない。ほんとに、役所というところは妙なところだわいと、わたしは痛歎しないわけにはゆかなかった。そんな奇々怪々なことがきわめて普通のこととして通用してるのであるから、全く手がつけられないのである。

民主主義とは、その種の不合理を合理的に引戻すことでなければならない。で、わたしが、彼等が見て奇矯な言動と見做すかも知れないものと、彼等がこれが正当なものと信じ切っているそれが、どちらが是で、どちらが非か、一つ御考察を願わしいものだと思う。

❖

演説にしばしば波長の違うこと

もっとも、わたしも天邪鬼ないたずら気がある。そのために、平地に起さなくてもよい波紋を巻き起こしたのは悪趣味ともいえよう。そのことは、当時わたしの相手になってくれた区議諸君にたいして、よくなかったことではないかと思う。

〝三十五秒で挨拶する〟

第一回の区議会があった。それは議長と副議長を選挙するだけのものである。それが済むと、

（1）長さの単位、一町（丁）は約109メートル

区長も何とか挨拶せよ、との声があった。別に挨拶するところもないと思ったので断ったが、たってということだったので、やおら身を起し「では、三十五秒で挨拶する」といった。全く余計な言葉である。では、何故わたしがそんなことをいったかというのに、わたしが区長になった当座、ニュース映画が撮影の機械をもち込んで、録音するから三十五秒で政見をのべろといってそれに応じたことがふと頭に浮び、それがつい口をついて出たまでであった。わたしの挨拶は簡単に終ったが、納まらないのは議員たちであった。議席に声あり、

「区長は三十五秒で挨拶するといったが、四十幾秒しゃべった。その秒数は問題ではない。三十五秒で挨拶をするというようなことは、まことに議員を侮蔑した態度ではないか」と叫んだ。わたしはそれに答えて、

「三十五秒で挨拶をするといったのは、きわめて簡単にやるということを象徴的にいったのに過ぎない。諸君は象徴的に物をいうことを掬みとってくれなければ困る」といった。

だが、実をいうと、こんな余計な前置はいらないので、何でもいいから極めてあたり前のことをムニャムニャ喋って置けばよいのである。ところが、いざとなると、わるい持前のくせが出るのだった。

第三回の区議会に、わたしの施政方針（首相ならこういうところだが）をやらねばならぬことになった。そのときも全く余計なことをいったもの、いわずもがなのことをいったものだとも思うが、とに角えらいことをいってのけた。

新居行政の理想と現実

わたしは壇に立って、本日は新居行政の理想と現実（まるで、クロポトキンの「ロシア文学の理想と現実」の書題のような）について述べる段階に至った。まず、理想の面から話す、といって——

「わたしは二世紀後の杉並区民が、二世紀前にかくも雄大無比なる都市計画が既になされていたのかと驚嘆するほどのものを考えている。そしてそれには、専門家の幾人かに委嘱してある。あなたたちの科学力と想像力とを百パーセントに発揮して企画して欲しい。現在の省線、都電、森のながれ、道がどうなっていようが、そんなことに頓着なく思う存分に設計をして下さい、と。第二案として、現状を生かしてするならばどうなるかという都市設計図も、同様にたのんである。」

「わたしはかつてタウト氏の都市計画の本をよんだことがあるが、それによると、タウトはプラトン、アリストテレスからマルクス、エンゲルス、クロポトキンに至るまでの社会思想を渉猟して、これを設計図に導入して各種各様の都市計画図を考想していた。社会思想の面に、不肖わたしが参加してもよいと考えている。タウトにせ、ル・コルビジェにせよ、共に建築家であり、都市計画者であり、同時にすぐれた社会思想家であるといっていい。これからの都市計画は、社会思想性を含んでいなければならないと思う。」

「第二の理想は、わが杉並区をワイマール[1]のように芸術的香気の漲る地域にしてみたいこと

（1）一八世紀末から一九世紀初頭にかけて、ドイツの二大文豪となるゲーテやシラーをはじめとする文化人たちがワイマールに集い、後にワイマール古典主義と言われる栄華の時代を築いた

だ。ゲーテ、シラー、ヴィーラント、リストたちのような諸星が住んだところのワイマール、そして我が杉並区がそれになりえないことはない。右のような理想を説くと、諸君は痴人が夢を説くの類とし、空の彼方に架った虹のような話をしてるように思われるかもしれないが、それくらいの理想なくしてはこれからの民主主義行政はやれるものではない。」

「次には、現実の面についてのべるが、その問題としては、学校の問題あり、食糧の問題あり」として、その方に力点を置いて論じたつもりだったが、その方は却って右から左と聞きながされたらしい。

議員諸君の攻撃質問

議員の一人は質問に立って、わたしを攻撃しはじめた。

「区長は徒らに理想主義者にして、現実を知らず」また「区長はダンスホールに入浸って食糧問題を閑却し」云々。

それにたいして、わたしは――

「質問者は〝理想は天に在り、現実は地に在り〟といった風に見得をきられたが、わたしの解釈はそうではない。思うに、質問者の現実観は旧態依然たる、固定観念によるもので、激動の今日、現実は刻々に移動し変化している。その移動の面、変化の面において現実を把握しえたとはいえない、とわたしには考えられる。〝理想は天に在り、現実は地に在り〟というのは、対句としてはまことに名調子であるが、わたしのはそんなものではない。理想のうちに現実は投影し、現実のうちに理想が浸透しているのである。そう考えると、質問者の現実観とわたしのそれとの間には、かなり認識に相違のあることが分かる。わたしは徒らに理想に突っ走っているものでもなければ、現実を無視するものではない。現実の認識乃至把握において差異があるだけだ。」

「それから質問者は、区長はダンスホールに入浸り、食糧問題を閑却し、といわれた。わたしが時折ダンスホールに現れるのは事実である。しかし、入浸るほどの金もなければ暇もない。しかし、仮に入浸ったところで、これは個人の自由で、答弁の限りではない。食糧問題を閑却して、といわれたが、経済復興中央会の立案によって全国から十万石の救援米をあつめる運動を国鉄、全逓その他四十幾つかの労働組合と一しょになり、それの実行委員長となって動いているのが、どうして食糧問題の閑却ということになるのか。十万石あつまったところで、その全部が杉並区の住民にながれ込むのではむろんない。しかし、いくらかは来ると思う。わたしが食糧問題を閑却していないことは、この一事でも反証しうる、と思う。」

何のことはない、現実の認識如何が問題になるような議会はめずらしいことであろう。それはたしかに妙であるにちがいない。そんな妙な討議をやっているから、ほかの区の区議会なら半日、一日で済むことが三日もかかったりするのであった。

わたしは常に観念革命の必要を力説した。すると、ある日の議会に、

「区長のいうところの観念革命はどうした。ちっともいうところの革命が目に見えんではないか」と切り込んで来るので、

「わたしのいうところの観念革命は、まことに駸々乎《しんしんこ》(1)としてきわめて急速に進んで行っている。ただ、それが観念であるが故に、諸君の目には見えぬだけの話だ」と答えたりする。

助役を区長がなかなか決めないのは、まことに不手際であるとの議員の攻撃にたいし、

「その攻撃は当らぬ。なぜなら、わたしはよい助役をもとめるべく努力して来た。出来れば知事級の人物をと物色し、十幾人の各種候補者に当ってもみた。しかし、民主主義に徹し、行政能力に練達した助役を求めることは、〝青い鳥〟をさがすよりむずかしい」と答えた。

片山哲君がスイスのコーから帰っていった〝青い鳥〟は世の耳目をあつめたが、それより二年前にわたしの使った〝青い鳥〟は、区議たちを呆気にとらせただけの反響しか呼ばなかった。

わたしのあたり前として用いる措辞乃至表現が、区議たちのそれと自ずから違うのである。考え方がちがい、表現が違うので、とかくめり張りが合わなくなる。問答がとんちんかんになる。向うも困ろうが、わたしの方も勝手がわるい。

わたしが区長を辞めたとき、ある男が、これから区長の禅問答、こんにゃく問答がきけなくなったといって評したそうだが、さもありなんという気が、顧みるとしないでもない。

❖

ハムレットの父親の亡霊のようなもの

わたしが役所にいたとき、森戸辰男君[2]は杉並に住んでいて、文部大臣であった。彼は毎日、わたしの役所前の大通りを自動車を駆って出勤するのだった。ある日、わたしが文部省の試写室へセントラルの映画を見に行ったとき、時間があったので、森戸君の部屋をノックした。そのとき彼は、毎日君んところの役所の前を通るので、一度寄ろうと思っているのだがというので、是非寄って一服やっていってくれ給えと、わたしは答えた。

で、翌日、役所へ出かけたとき、助役にきのう森戸君に逢ったら近日、是非やってくるといってたよ、と話した。わたしは軽く話した。何気なく、意味もなく、軽く話すより外はなかった。すると、助役は威儀を正すようにして、わたしに「文相閣下がお見えになるのですか」といったので、わたしの方が却ってびっくりしてしまった。わたしとしては古くからの友だちがふらっとやってくるからといったのにすぎないのだったが、永年の吏僚生活が考え方の習性になっているらしい助役の眼には、閣下森戸が大写しになることが、わたしには分かった。

それと似たようなことが、山田文雄君のやって来た場合にも起った。山田君は都の副知事で都庁では教育文化が彼の担任であった。だから、学校か何かの視察に来たらしいのだった。それまでもわたしは彼の名は知ってはいたが、逢ったのはそのとき始めてで、彼はわたしの部屋

（1）物事が早く進むさま　（2）経済学者（1888～1984）、論文「クロポトキンの社会思想の研究」が朝憲紊乱で東京帝大追放、戦後は日本社会党の結成に参画、片山・芦田両内閣で文部大臣、広島大学学長

へ入り込んで閑談雑話を交わしていたのである。

わたしは用足しに室外に出ると、助役は大きな声で教育課員の一人に、「君、副知事さんはどちらへ行かれたのかなあ、君は知らんか」と訊いていた。

で、わたしは「山田君かい？山田君は俺の部屋にいるよ」と教えてやった。助役は安堵したものの如く「そうでしたか」といった。

副知事と区長の場合

思うに、副知事が区長の部屋へ挨拶にゆくべき筈はなく、その逆でなければならない、とでも思うのが、助役の健全なる常識なのではなかったろうか。わたしにしてみれば、わたしがいかにも鈍物であり、山田君が英才であるにしても、とに角わたしは彼より遥かに先輩であることは事実であり、そんな事実があってもなくても、どちらがどちらを初めに訪ねて人間が人間と親しく話し合ってもよいことだし、まして、同校同学の二人が軽い気持で話し合うこと、それ自体が人生の快事なのである。

投手があり、捕手がある。投手はピッチャー・プレートに立って、全員を背後にして投球する。だからナインの中での首位なのか、そうではない。捕手は投手にサインをして投球させるからより以上なのか、そうではない。ナインのどれもが同じなのだ、ただ、分担が異うだけなのだ。

階級差といった観念の亡霊が動き廻っている。その狭霧に似たものがすっかり晴れてしまわなければ、民主主義の気持のよい清明感は来ないのである。

"殿下はやめてくれんか"

Tという男がぼくのうちに来て、きょう築地のあるところでてんぷらの会食をする。賀陽《かや》恒憲《つねのり》氏(1)も出席するし、誘い出しにゆくから一しょに来てほしいというので、わたしは落合の賀陽邸へTと出かけた。三人は省線で神田駅まで乗り、そこでタクシーを傭って築地にゆくことになった。ところで、省線の中で、Tはしばしば賀陽君を「時に、殿下、殿下あの……」といった風に呼びかけた。賀陽君はTの呼びかけには返事もせず、その声をさけるかの如くその都度はなれた。

あとで築地でてんぷらを食べる段になったとき、賀陽君は「T君はうるさいぞ、省線の中でおれを殿下々々と呼びかけるので弱ったぞ。これからあんな呼び方は一さいやめてくれんか」ときっぱりいった。あたり前のことなのである。その抗議は正しい。かつて彼は殿下と呼ばれるべきであった。しかし皇族の殆どはミスターになっているのだ。わけても賀陽君はつとに宮を辞して賀陽恒憲になっているのだ。だが、Tにしてみれば、殿下と呼びかけるのでなければ失敬と思うのだろう。いわば観念の亡霊の仕業である。

Tに悪意のある筈はないが、観念の亡霊にいつまでも囚われているところに、異常な錯誤があるわけだ。その種の観念の亡霊が随所に動きとんでいるのである。わたしは賀陽君とか賀陽さんとかとしかいわない。それが自然だし、親しめてよいからだ。ところが彼は、彼よりも一廻りぐらいの年長者で市井人のわたしを長老扱いにし、先生殿と宛名して手紙を寄越す。老と

(1) 元皇族・陸軍軍人(1900~1978)

いわれるが、そう老とは思ってもいないが、われわれの間には何のわざとらしさがない。

「子供の町」を地区ではじめたとき、その準備会に関屋五十二《いそじ》(1)、水野成夫(2)、宮田重雄君(3)たちにしばしば役所へ足労を願ったことがあった。ある日のこと、関屋君がこのことで高松宮のところへ、彼の主宰する児童新聞の記者をして宮の在否の電話をかけさせた。

高松宮はいることが分かった。そこで、関屋君は「そうか、そうか、それではあした、子供の町のことで伺うからといって置いてくれ」といったそうだ。その席にわたしは居合わせなかったが、このときに居合わせた一人からきいたところ、関屋の小父さんが、彼らしく無造作に官邸に電話をかけるので、その場にいた二、三人の課長たちが倉皇《そうこう》(4)として去ったそうだよ。関屋の小父さんが不敬でも犯したかのように感じてね、ということだった。しかし関屋君の方が自然で、彼は宮とは旧知の間柄だったからだ。

渡りをつけぬと怒るＰＴＡ

民主主義とは人間的滋味の上に立っての、人間同士のしたしさでなければならないのに、これまでわたしがしばしばくり返したように、ハムレットの父親の亡霊のようなものが、随時に、といいたいが、のべつ幕なしに立ち現れ、その方がむしろ主演しているのである。このことは一言でつくすと、民度の低さを如実に実証していることになるのだ。

民度がひくいといえば、大臣にでもなってその男が郷里へ帰るといった場合、新聞などでよく錦を着て故郷に帰る、といまなお書いているが、その方もその一例である。

それから、人々の用いる表現が空虚で浮いていて、何もあんな風にいわなくとももといった風にいったり、またひどく封建的な臭味を漂わしているような場合がある。

「子供の町」の準備会を前記の数氏と最初の素描をどうすればよかろうと相談していたときわたしはPTAの会長連から呼び出されて、大いにとっちめられたことがあった。彼等の中には「われわれに渡りをつけなかったとは何事だ」という人もいた。わたしにはそういう表現に間違いはない、なぜなら渡りをつけぬとは交渉をしないということなのだから。しかし、わたしとしては、夜店の縄張りといったこととの関連がふと浮んで来て、何となくいやな思いのしたことがあった。

朝風がさわやかに青葉をわたるといったような感じのする表現こそが、民主主義のものだと思えてならないからである。

❖

（1）童話作家（1902～1984）（2）実業家（1899～1972）、共産党を獄中転向、戦後はフジサンケイグループの基礎を築く（3）医師、洋画家（1900～1971）（4）慌てふためく

議員の数が多過ぎること

わたしは都道府県の議会の議員にせよ、市町村の議会の議員の定数にせよ、多過ぎると思っている。

地方自治法第九十条には、

「都道府県の議員の定数は、人口七十万未満の都道府県にあっては人口五万、人口百万以上の都道府県にあっては人口七万を加えるごとに各々議員一人を増し、百二十人を以て定限とする」

第九十一条

「市町村の議会の定数は左の通りとし、人口三十万以上五十万未満の市にあっては人口十万、人口五十万以上の市にあっては人口二十万を加えるごとに各々議員四人を増し、百人を以て定限とする。

（一）人口二千未満の町村十二人　（二）人口二千以上五千未満の町村十六人　（三）人口五千以上一万未満の町村二十二人　（四）人口一万以上二万未満の町村二十六人　（五）人口五万未満の市、及び人口二万以上の町村三十人　（六）人口五万以上十五万未満の市三十六人

（七）人口十五万以上二十万未満の市四十人　（八）人口二十万以上三十万未満の市四十四人

（九）人口三十万以上の市四十八人」

一体以上の定数[1]を決めた理由は、わたしにはよく分からない。東京都の都議会議員は百二十人[2]になっている。人口六一九万にそれだけの議員数であるが、八百十六万の人口のニューヨークで二十五人、シアトルが僅か九人、デトロイトは人口百六十二万で九人、サンフランシスコは人口六十三万で七人の市議員であるのにたいし、筆者居住の杉並区は人口三十二万で区議四十五名（実は四十八名となるわけだが）、どうしてそんな大勢の区議会議員が要るのか疑問である。筆者の案では、シアトル同様九人か、精々多くて十五名が必要にして十分な定数と考えている。

要は、自治体機構を実質的によくしてゆければよろしいので、何も人口数に比率して定数を決めなくともよいのである。

朝日新聞の「天声人語」によると、ボストンは本年から九人に減るが、その理由は人数が少ないと市政に明るい知名人が出る。地域代表から全体代表になる。権限を十分に発揮出来るからだというのだ。その点からすれば東京都の都議会議員は精々三十人で沢山、現在数の四分の三を削ることが出来よう。そのように全国的に議員数が減ることになると、非常に冗費が省ける。

自由財源三分の一が区議会費

杉並区の自由財源は三千万円しかないのに、その三分の一の一千万円が区議会のための費用になる。それが区議九人乃至十五人となれば、だいぶ区議会の運営費が省けて、その省けた分

（1）２０１１年の法改正により議員定数の上限が撤廃され、現在は各自治体の自主的な判断に委ねるとされている　（2）２０１７年10月現在、東京都議会議員の定数は１２７人

が住民のために有効に使えることになる。それを全国的に見積ると大変なことになる。

この点はまじめに考え直さなければならぬ。

では、なぜ、わたしが自治体議員の数を現在の定数から大幅に減少せよというのかというのに、それにはわたしだけの理由がある。

わたしは、自治体議会にかんするかぎり政党解消論者である。議員たちはひたすらに住民の利益幸福を考えてつくせばよいのであって、何も政党政派の関係をもち込むべきではないのだ。議員が少数だと、こんな政党色をもち込むことにはならないであろう。

東京都議が百二十人もあるから、都議会政党が成立ち、自由五一、社会三七、国民民主二〇、諸派八、共産一、無所属一、欠二ということになる。そうした政党意識がつよくなるのだからその定数が少なければ少ないほど、政党意識は正比例して希薄になる。三十万、二十万、十万の都市になれば一そう定数が少なくなるから、政党的エゴイズムは少なくなって、思考がひたすら自治体そのものの運営に集注されるであろう。

政党諸派は国会的のものでなければならぬ。普段は解消させ、休火してある政党諸派の意識は国会選挙のためにのみ復活させるだけのものであって、それが済めばまた解消させればいいのだ。その自明の理がはっきりのみ込めないところに、自治体行政若しくは政治の清白さが保たれないのだ。

ところで、アメリカがそうであるから日本もそうすればいいじゃないかとなると、日本ではアメリカにおけるように市民の監視機関がないから、ごく少数の議員となると、それが首長たちとの間に、隠微のうちに事を運ぶ危険もあるから、日本では議員を少なくするためには色々の前提条件が必要であるということになる、という説もある。それはわたしも認めるが、議員数を大いに減らすべきだ、という世論はほうはいとして起るべきだ。少なくとも、それによっていろいろと研究する機会となることはよいことではないかと思う。

❖

自治体議会は国会の十六ミリであってはならないこと

わたしは、理想論であるかも知れないがこう思う。政党所属の人々は、国会選挙のときにつながればよいので、政党の所属性を自治体政治に発揮するのは間違っている。政党を標榜して立候補しても、当選して議員となるや、この政党性を自治体政治という観念でクリーニングすべきである。

ところが、彼等は地方自治体の議会を国会の十六ミリ(1)と思っているかのようだ。

(1) 劇映画で通常使われる35ミリフィルムに対して、プロの小規模映画やアマチュア向けのフォーマットが16ミリフィルム、さらに小サイズの8ミリフィルムもある

村議会や町議会が小学校なら、県議会や都議会は中学校で、国会が大学であるような気がしているのではないか。わたしたちの居住地区では区議会議員がある。そのうちで、都議会議員に可能性があると思うものは、この次には都議会に出るという気になるのだ。最初、区で選挙をしてみる。野球でいう、ウォーミング・アップだ。それから、都議会、次には国会ということにする。そこに根本的な誤謬があるので、その連中は初めから自治体の意義を知らず、小地域ながら自治体のためにつくすことがいかに尊貴なことであるかを弁えないのだ。いうところの政界は国会にあるのだから、国会議員になりたければひたすらに、直路そのコースをとればよいので、自治体を踏台にするが如きは卑怯である。

ところで、日本では大学へ進むのには、小学、中学といったように、国会議員になるのには段階があると思っている。そして中央の政界にたいして地方の政界があるという。むろん、政党政派には各地に支部がある。それはあっていい。だが、その支部なるものはその党のために地方問題の調査、研究をなし、それを本部の参考資料ともし、党の主義、主張を宣布するのは当然であるが、地方自治議会に政党色をもち込んだり、政党政派的覇権を行政政治の上に具現すべきではないのだ。

いと小さきものに奉仕すること

自治体議員は、その地域の住民たちを如何にすれば幸福な状態に置きかえられるか、どうすれば利便を享受することが出来るか、不幸な人たちは如何に慰むべきか、その地域における事柄をより合理的にもってゆくには？その地区を美しく、清潔にするには？といった風に問題は山とつまれているのである。それを一つずつときほぐしてゆくことだって容易ではないのだ。

わたしは常に、いと小さきものに奉仕することはいとも大きいことだと信じている。

ここに一つの村がある。町がある。その村や町がよくなることは、その村、その町だけの問題ではない。その都、道、府、県の問題であり、日本の問題であるばかりでなく、世界の問題である。日本におけるこれこれの村若しくは町がかくも合理的に、かつ、よく行っているという事実と状態とがあれば、必ず世界はそれを知る時機がある。たとえ、それを知らなくともそんなことは少しも構わないので、事実がそうであればよいのであって、人々がそれを知ると知らないとは何のかかわりもないのではあるまいか。

そこに深く思いをいたさねばならない。自治体議員というものは、そうした抱負と気魄とをもって事に当らねばならない。その尊厳性は忘却すべきではない。地方自治議会の主軸はそうした点にあることを銘記しなければならない。わたしはそのことを強調しないわけにはゆかないのである。

❖

「わが杉並に大ボス小ボス……」という演説のこと

わたしは区議会である日、演説した中で、

「清水港には大政小政《おおまさこまさ》あり(1)、わが杉並には大ボス、小ボスあり」といった。しかしその次に「わたしは人は誰でも尊敬します。わたしの排撃したいのはボス性です。それでは、人間としてのボスはないのかというのに、わたしのいわゆるボス性をもつものは悉くボスなのであります」

わたしは卒直に、忌憚なくそういったのであった。

ボスに二種あり

ところで、わたしの見るところ、ボスには意識的ボスと無意識的ボスの二種類のあることが、だんだん理解されて来た。意識的ボスとは自分でもボス性のあることを自覚しているものであり、無意識的ボスとは自分にはその自覚がないが、その行為が自ずからボスになっているものである。そしてわたしの見るところでは、その無意識的ボスがほとんどであるということである。だから、「あいつはボスだ」というのをきくと、その人は憤慨するのを常とする。

空地があって、そこに一本の松の木がある。その松の木の枝にマイクをひっかけ、演台を設けて、そこに立って一人の区議候補者が大きな声をあげて政見発表の演説をしている。

きいているものは、わたしの外に、二、三人、まことに寒々とした光景だった。しかし、彼はその聴衆の少ないのは初めから問題ではないのだ。敵は本能寺とでもいうのか、その空地の向うに競争相手の同じ区議立候補者の邸宅がある。その方へマイクを向けて「ボスが……ボスが……」といって、さかんにボスという言葉を投げ出す。

その演説を家にいてきいていた男が、

「あの野郎、自分もボスのくせに、俺のことをボス、ボスといいやがって」とぷんぷん怒っていた、という話である。ボスといわれれば、それが何であれ、愉快ではないものと見える。

ボスの語意と歴史

だが、ボス（Boss）とは何か?英和事典（富山房版）に訴えると次のように解釈してある。

（一）〔米俗〕職工或は労働者の雇主、親方、親分、統領、カシラ　（二）党派の首領又は頭目、党首　（三）〔鄙〕第一位の人、又は物、親玉

Brewer の字典（Dictionary of Phrase and Fable）で、ボスを調べてみると、主人の意、オランダ語の Bass で家長のことである。そこから大物、首領、豪物（えらもの）になる。

そこでわたしはオランダ語の Bass を引いた。

「親方、親分、大将、主人、家長、職工長、旦那」（蘭和大字典）

それらを見ても、必ずしも悪くばかりは使われていない。ある政党の領袖などのことをよくボスとかいてある。しかし、今日ボスといって普通に用いられているのは、あきらかによくな

（1）清水次郎長配下の侠客、山本政五郎が二人いたため大政小政と区別して呼ぶ

い意味の場合が多い。

それはタマニー・ホールの歴史を調べてみると分かる。そのタマニー倶楽部というのは、一七八九年にニューヨーク市に設立された社交倶楽部で、後に政治的色彩をもち、民主党の地方団体となり、往々にして収賄をしたり、恐喝をしたりした。その領袖たちがボスといわれた。そのころからボスという言葉は黒い陰影をもつことになった。今日、日本で使われている場合はその線から糸を引いてるのではなかろうか。その意味で、かつての東京市政の三多摩派の如きが、それに類したといわれている。

ボスとギャング

ボスとギャングとはどういう関係にあるかというに、スラッシャー[1]のギャングという本(Thrasher : The Gang)によると、次のようなことが書いてある。

「政治的事柄に一般が無関心なことは特殊な人柄、ボス区、地方政治のシーザーの発展に資するものである。シカゴでその機能を発揮した例は、ヒンキー・デンクが仲間のバス・ハウス・ションを仲間として一八九〇年代の市参事会員の最初の選挙以来第一区で非常な勢力をもった。彼はシカゴ市参事会の〝灰色の狼〟といわれる、どうにも始末の出来ない永久のクラスを代表するタイプだった」

また、こんなことの記述もある。

「競技クラブに集まるギャングは町の政治家たちにより刺戟されることが多い。それはそれらの最初の基金は地域の政治家が出すからで、政治屋の子分たちに養蜂家が蜜蜂の大群を蜂の巣に養うようにギャングを囲飼いする。ボスが競技場の地代を払ったり、その他ギャングの催しごとには何でも寄付する。かくてボスはギャングのパトロンとなり、しばしば大行進を指導したり、ギャングのダンス会やピクニックで演説をしたりする。その代りに、彼の子分たちはいろんなことでボスのために動き、蜂の巣のギャング・ボーイたちは選挙の日には蜂蜜をあつめることが期待されているのだ」

Bossnese

右のようなことはわれわれの周辺にもある。中野区のある町内で青年たちが文化会をつくろうとした。すると、ボスがその費用を出してよろしくと申入れた。青年たちはいずれも純良で少しのギャング性もない。しかし、それらを対象としてのボスの働きかけは同じ手口であって、いつとはなしに地域小政治家は彼等青年文化会の面々をして選挙の日に蜂蜜をあつめさせる手段にしようとするのだが、それを看破して早くも拒否したのは文化会の指導者が聡明だったからである。そうした工合に小地域の政治家たちは、町内の草相撲や氏神の祭礼に多額の金品を寄付し、ＰＴＡに尽力する。それも当てがあってのことであるのはいうまでもない。

ところで、わたしが上述したようにボスに二種類あって、その中の意識的ボスは最初からボス性はないのだが、世話好きであったり、人々から信頼されて町内のことをいろいろとやって

（1）フレデリック・ミルトン スラッシャー（1892〜1962）、アメリカの社会学者

いるうちにいつともなしにボス化されているのである。その場合、彼が無意識的ボスであるか、それともそうでないかは十分慎重な検討を要することであって、それがどんなに見えても、公事性で終始しているとすれば、ボスと呼ぶのは冒涜である。

世間では一連のボスを駆逐すれば、ボスなき清浄地帯がありうると考えるのは、大凡短見であって、要は、民衆の間にボス性があるかどうかである。ところで、日本の民衆の間にボス性が多過ぎるのである。それを不問に付してボスを弾劾するのは「兄弟の目にあるちりをみて、己が目にあるうつばりを知らざる」の類である。

日本の民衆たちは、いうところのボスを非難せんとする前に、自身たちの生活の中に、また心の中にボス性がないかどうかを反省すべきではなかろうか。わたしは、日本人か、あれはJapanese というべきでなく、Bossnese である。日本か、それは All Boss Country だよ、と激語したことがある。その激語は一場の冗談であるにしても、全くの当外れでもないと思う。

彼等をホッテントットとよぶ

首長はヘッドマンである。わたしはヘッドマンであるよりも、ハンティング・キャップマンがよいとさえ思っていた。天衣無縫の新居行政はそれで出来るのだ。そしてそうして来たのだ。その実績の実を結ぶ日が近づきつつある。だが、そのことはボス的管見では分かる筈はない。

わたしが彼等のボス的存在をホッテントットといったというので、一派のものの気色をわるくしたときくが、彼等は文学的表現をリテラリーでしか解しないのはむしろ気の毒である。ホッテントットは南亜希望地方の土民で、第二義には文化低級の人の意味がある。であるから、文化性の高級な人々なら怒る資格があるのだが、文化人ならそんなことに怒りもしない。ボスで思い出すままに、少し付記したまでである。

❖

「子供の町」「文化会」のこと

泡立つように出来ていっては、消えてゆく。そんなことが世の中にありがちなことだ。その場合、やがて消えてゆくものなら、出来なくともいいのだとはいえないし、何か形はのこる。よしのこらなくとも、何かであることは事実だ。といった工合に、応揚に考えたとてもよいのだ。アメリカの「子供の町」のフラナガンさんが来られた直後、「子供の町」が関心になった。フラナガン神父の「子供の町」というのは、一定地域に不良だった子供たちをあつめ、子供たちの間に自治をやらせ、それによって彼等をよくしてゆくという趣旨であり、それが成功してフラナガン神父の「子供の町」はアメリカにおいても有名な存在となった。その事業は映画化されていて、わたしたちは二本ほどみたことがあった。

わたし共の地域にも逸早く志のある人々の間に「子供の町」の構想がなされた。そしてその主軸となる考え方は、一定の建造物に不良児童をあつめて矯正するといったものでなく、良不良などということは最初から頭に入れず、地域全体にわたって、すべてこれ「子供の町」とするというのである。といったところで、地区全体が一つのものになるのではなく、それぞれの町場所に、それぞれの考え方、仕方によって「子供の町」がそれぞれの特色をもって盛り上がることが期待されたのである。

「子供の町」は、子供たちの自発性に点火し、それの自動性を待つというのであって、かつての日のように、子供たちを指導してやるのだという観念は排撃されねばならなかった。

子供の世界は、大人のそれよりははるかに想像性に富んでいる。大人の硬化したあたまやところでは、理解の出来ないものが多分にあるのだ。その子供の世界は、大人は敬重するところがなければならぬ。だのに、大人の不遜が主導してやるのだといって、いびつな大人の考え方を投影してはならないのだ。わたしは、大人の子供にたいする態度とは、野球に例えるなら野球具の各種を取揃えるだけのことで、それらによって子供たちが自発的にやればよいということだった。もっとも、ルールぐらいは教えてもよいが、それは子供たちの方がとっくに知っている。コーチが必要ならばそれはしなければならないであろうが、その程度であろう。一にも二にも子供たちの発意と相談とに任せる。それがわたしの大体の構想であった。で、それぞれの町または地区の創造に任せた。スポーツもそれぞれの好みによればよい、とした。

バドミントンをえらぶもの、野球をとるもの、音楽、芝居、それぞれに好みに従えばよい。ある地区のお母さんたちは如何にして児童心理を研究し合うか、子供の日を子供たちと如何にエンジョイしたらよいか、平和思想をもたせるにはどうすべきか、子供の町とPTAとの関連はどう組合せたらよいのか、大人たちが子供の世界に少しの干渉乃至お節介をしないで、寄与する面の多いことは言をまたないが、相互の限界点のあることは、はっきり認識しておかねばならぬ。

それに、バドミントンなどを大人や子供で一しょにやっているのをみると、子供は概してせっかちだから落着いた大人の方がよわい場合が多く、大人でも子供たちのようにせっかちの人もあって、子供同様にエラーを犯すのも面白い。そんな比較を傍に立ってみていることも何かの示唆を与えさせられる。

こんな支持者もあった

「子供の町」の協力者として熱心なひとりの老人は、わたしにこんな風に物語ったことがある。子供のつくった俳句のお仕舞のところが来となっている。どうもおかしいから何とか添削しようとしてみたがやっぱりまずく、結局、子供のつくった原型の方がよいことが分かった。また小学六年生の女の子のつくった児童劇が、大人の誰の作よりも効果があったのにはおどろかされた。その子供の作を見ている子供たちがだれのよりも面白がりましてね、といった。その人の言葉のうちに、わたしは「子供の町」のあるべき姿があると考えている。

だが、一方、わたし共を非難するものは「君たちは徒らに『子供の町』という白日夢をえがいて、一体何をしたというのだ、どこにどんな形で示されているのか」というのであったが、それは日本人的な性急な質問というべきもののように思われた。きのう蒔いた種子がけさすぐ芽を出すものではないからだ。だが、他方にはこんな特志の人々もいないではなかった。

——大人がばかな戦争をして何の罪咎もない子供たちに迷惑をかけている。その贖罪として大人は子供たちのために何でもしなければならないのだ。わたしは子供たちのためにならなら、何だってする。だが、大人の世界のための協力なんか真っ平だ、という人が。

「子供の町」の名を冠する寮のような社会事業で相当成績をあげているものは、全国的に見ればそっちこっちにあるようだ。わたしたちの仲間が地域を舞台としてくりひろげたものは、その後どうなっているのか、わたしには分からなくなってしまった。その運動の事務局長として采配をふるってくれていた双葉保育園園長高島巌氏の大分前の話では、児童福祉法の成立と共にその方に肩替りさしてもらったとのことで、わたしたち仲間が勢込んでやりかけた「子供の町」も、非難者のいうように、幻の花として消えてしまったのだといえるかも知れないのだ。しかし、よき意思というものは仇花ではないのじゃないかとは、今でも思っている。

文化会を反省して

終戦後、日本が文化国家の指標をかかげたためでもあって、文化会というものがわたしたちの地区内でも、その町、この町にと出来て行った。そのころ、わたしは、文化人とでもその青年たちが思い做していたせいか、それらの会にやって来て講演せよという依頼が少なくなかった。わたしは適任とは考えなかったけれど、彼等の需《もと》めに応じてつとめて出かけたものだったが、それからうけとった感じはこうだ。

その一つは、彼等は文化的に何かを求めようとする熱意が動いているらしいことだった。だが、そこにはそうした会を結成することそれ自体に興味を抱くらしい、若干の流行性もないではなかった。講演をきく、それも何かであるにちがいなく、映画、音楽、ソシアル・ダンスといったものも、彼等の文化会のプログラムであったようだ。だが、わたしはそこに集まる人々が、文化とは何か？それをどう考えてゆかねばならないかについて十分熱心であり、また科学的にも検討しようとしたかどうかについては、いささか疑問がないではなかった。

太宰施門《しもん》(1)氏の本で知ったのだが、フランスで講演といえば、相当前から講演者に依頼する。たのまれた方でも十分時をかけて考えては考えなおし、調査も行届かせ、書いては書き改め、これでよしといったものを草稿に書き、それをよみ誤るということなく注意してよむ。それがフランスでの講演だというのである。ところで、日本では万事がお手軽で、懐中しるこでもこさえるように、たのむ方も安直にたのめば、たのまれる方でもよし来たといった工合だから、テーブル・トークを指名された時同様、やりっ放しといった調子で、お茶をにごすといった程度では心細い。いつも慎重にという訳には行かないまでも、原則として文化国家となってゆくからには、講演の企図一つにも考えぶかくする心構えが必要だろうし、また、文化会を組織す

(1) フランス文学者（1889～1974）、京都帝大教授

る人々が何をどうやり、研究してゆくかを堅実に考えてゆくべきで、何かといえばすぐ依存主義を発揮したり、その場限りのお祭り騒ぎになるようでは、たくましい発達はとげられそうにもないのだ。だが、指導者たちとか、中心を形づくる人々が深く思いをしないところでは根づよく根を張ってゆくわけにはゆかない。わたしはそれらの文化会には精一杯自分の力で、自分たちで衆智をあつめてやってゆくようにとのぞんだものだった。

戦後、いろいろの善き発想によって立案された各種各様の文化会、文化運動があったが、一つには資金難が伴い、も一つにはパッと咲いてパッと散るといった日本人独特の気質も添うてとかく長続きするものがなかった。あんなにも泡のように、その町内、この地区に湧いて出来あがったものが、その後どうなったことやらという嘆きを得ない。そこで将来、文化会といったものがどうつくらるべきかについては、如何にして組織し、どう運営すべきかに問題の中心があるのであって、それには巧く行っているもの、所記の通りに運ばなくて解体の運命をもったものの、いずれもありうべき文化会のためのよき資料になりうる、と思う。それらをつくるものもすぐ資金のことを考え、それに好意をもつものも資金を提供すれば事が足るとはせずに、文化会の性格、その在り方などにたいする知的協力をすることが根本的なもののように、わたしには思われた。

❖

「交際費」の減額が提言されたこと

一九三三年の初夏、わたしは上海から香港、広東と旅行に出かけたことがあった。そのころの広東総領事は、川越茂氏であった。この人は後に駐華大使にもなったが、広東の総領事館でわたしと会食したとき、彼は安達峯一郎氏(1)を極力ほめそやし「日本国内では安達さんのことをよく知っていないが、ヨーロッパでもとても有名で、国際連盟で日本の安達が話すとなると、各国の連中は耳を澄まして傾聴したものだ。安達博士は東大仏法科の出身だが、長く外交官生活をした上に、第一次世界大戦後、もう会があってもご馳走はせず、話を面白くすることをご馳走とする一時期があって、安達大使はそうした時代にいたのだからさらでだに(2)上手なフランス語が一そううまくなった」のだとのことだった。

その話のあとの方の部分が、とくにわたしの頭につよくやきついていた。それで区長になったとき、敗戦後の日本民衆の生活というものは、第一次世界大戦後のフランスどころの話ではない。だとすれば、首長の交際費と称するものも、区民の生活をよくするためにならば使うべきだが、議員たちと酒食を共にすべきではない、とわたしは考えた。

もし、酒食を共にするなら、首長も議員も、会費を割勘でやるべきだといい出した。わたしのそうした提言はたしかに異例のものにはちがいないことは、わたし自身も知ってはいる。し

(1) 外交官、法学者（1869〜1934）、国際司法裁判所所長など　(2) そうでなくてさえ

かし、民衆の生活を切々として思うものなら、市民のために使用すべき大切な金を議員たちとの酒食に使用すべきではないのだ。すると、ある日、わたしの事務室の前の椅子にUという議員が坐り込んで、彼は議員一同の代弁者のような顔をして、われわれをご馳走すべく催促するのであった。その男はいった。

「区長！水清ければ魚棲まずというぜ」

わたしはそれに答えて「その言葉ぐらいは、不肖我輩だって知っている。水至って清ければすなわち魚なし、という文句ぐらいはね。しかしだね、水が清くなければ棲みたがらない魚だっているのじゃないかね」

すると、Uは「だが、一席設けて胸襟を開いて懇談することは、政治の要諦だよ」

「それなら、敢えていうが、わたしは絶えず胸襟を開いている。わたしの胸襟には鉄のカーテンも、竹のカーテンさえもない。いつも開けっ放しだ。だが、諸君は一席を設けないと胸襟を開けないのだ、とすると、普段はわたしに向って胸襟を開いていないということになるではないか」

といって、わたしは答えた。

取りつく島がないので、彼は「そういわれると仕方がない」といいのこして、わたしの部屋から退去して行った。

わたしのいい分は、まことに大人気ない論理の遊戯に過ぎないことは、わたしも心得ている。心得ていた上で、そんな天邪鬼をいいたかったのは、首長の交際費なるものは議員たちと酒食を共にして、肩を叩き合って、談笑するがために費すべきものとひたすらに考えている彼等の固定観念にたいする、一つのプロテストだったのである。わたしは在職一年の間に、区議たちと一度だって酒食を共にしたことはなかった。すると、彼等の一人が「区長は酒がきらいなので話せないよ」と評したそうである。

わたしが酒がきらいで飲めないことも事実である。しかし、酒がきらいだから、酒食を共にしなかったのではない。割勘なら、いつでも出かけるつもりでいたが、交際費—市民のために有益に使う筈の交際費を区議の饗宴のために使うことは、わたしの良心が許さなかったのに過ぎない。わたしといえど、出すべきところと場合とでは出した。しかし、そうした外は出さなかった。だから、当時区長の交際費十万円のうち、交際費として支出した額は一割を出なかった。交際費は明白な公的意義のために使われている。区民諸君はその使途はどうなっているかいつでも見に来てくれてよいのだ、とわたしは公言した。

ところで、わたしがいよいよ辞意をかためた少し前の予算委員会に、Sという一人の議員が「区長の交際費にはまことに実績がないから、うんと減額してもよいのではないか」と提言した。そこで、わたしはその提言に答えて、

「S議員がそのようにいうが、それなら交際費の概念から検討してかかろうではないか。例えば一高の生徒ですが、少年少女のための読み物をあつめて彼等をして自主自治的に管理させている。わたしはそれはよい運動と思うから、交際費をさいて供与したことがある。そうしたことが交際費でないのかどうか?·交際費だから議員たちとの饗応に使わねばならぬというのは

間違った既成観念である」といった。その議員は不興気に黙ってしまった。

思うに、首長たちの交際費はS議員の考えているのが一般の漫然たる通念になっているのであるらしいが、それにたいして、わたしは敢えて観念の改訂を試みようとしたものである。そしてそのどちらがより正しいものか、世の識者の勘考を待ちのぞむものである。

❖

町の新聞

交際費に関連して、こんな話がある。わたしが役所へ出だして間もないある日、一人の男がつかつかとわたしの部屋にやって来て、

「区長さん、わしの新聞をとってくれないか」

といった。名刺をみると、豊島区で出している地域的小新聞社の肩書があった。

「わたしは事務の引継ぎは終ったがね、まだ機密費というのか、交際費というのか、そちらの方の事務引継ぎはまだすんでいないので、少し待ってほしいものだね」

「そういうことを仰言らずに、わたしの新聞を特別にとって頂きたいものですが……」

「それはいかん。わたしはすべて平等の原則に依りたいので、君らのような新聞をとるとすれば悉くとる。とらないとすれば、全部とらない。しかし、今は前にもいったように、その決定にはまだどうともなっていないのでね」

するとその男は、むっとしたらしく、

「取ってくれなきゃくれないでよろしい」といった。

そこで、わたしは冷静に、

「とるもとらないも、わたしの自由だよ」と答えた。

この男は椅子から立ち上がって、びっこを曳きながら「わたしはこんなに足がわるいんだ」と捨台詞をのこして去ってゆくのであった。

わたしは、「おい」といって彼を呼びとめた。そしていった。

「君の脚のわるいことは、君がこの部屋へはいって来たとき早くも見知って、心ひそかに同情していたのだ。おい、男が脚のわるいことを売物にすると何だ。見っともないじゃないか」

すると、その男はわたしの言葉をきくと、憤然として部屋を出て行った。あとで助役がわたしに報告した。彼はわたしの部屋を出ると、隣室の助役の席にゆき、「区長は俺を侮辱した」と叫んだそうだ。

子供っぽいやり方だと、わたしの仕打を非難する読者もないでもあるまいと思う。だが、わたしにしてみれば、如何に零細な金であっても区民たちの幸福のために使う心がけがなければならない。そうした地域の小新聞のために支払う義務はないのだ。彼等が新聞をもって来て、「わたしはこんな新聞を出しています。ご覧の上、お気に召したらとっていただきたい」というのなら分かる。だのに、彼等は自分たちの小新聞を役所はとるべき義務があり、自分らはそれをとらせる権利があるように考えている。そして無断で郵送して来て、盆暮に紙代を機密費からもってゆくのが普通の仕来りになっているらしい。

わたしはそれにプロテストをした。そして彼等の無断で郵送してくれる小新聞を悉く返送させることにした。

彼等はわたしのやり方を目して、話の分からぬ男と片づけたかも知れない。だが、わたしにしてみれば、彼等こそ不当で、彼等こそ話の分からぬのにも程があると考えている。いかに些事とはいえ、わたしは黙過することが出来ないのであった。民主主義の行政たるものは、そんな鼻糞、目糞の如きものでも綺麗に拭きとってしまうのでなければ嘘だ、とわたしは思っている。

ある晩、わたしが街を歩いてると、その種の小新聞の記者らしい男に逢った。彼がいう。

「区長さん、正直な話だが、あなたは毀誉相半ばというところですね」

わたしは、冗談でなしに答えた。

「それあ、可笑しい。わたしは、どこまでも条理一点張りに物事を断行しようとする。それにたいして因襲に囚われ、仕来りに馴染んだ連中はわたしをやっつけるのでなければ嘘だ。わたしは百パーセント毀貶の対象となるべきだよ。それなのに毀誉が半ばすることは不思議だ。さては、わたしの条理主義のたががもどこかゆるんだかかな」

その後、その男はわたしの毀誉については何にもいわなくなった。いっても張合いがないとでも思ったのであろう。事実、わたしはそうした新聞が何と書こうが気にとめなかった。第一その種の新聞には目を通さなかったし、大いにやっつけられているのも愉快なので、わたしは大いに俺のわる口をかいてくれよとさえいった。小新聞だからではない。どんな有力紙にやられても一向に痛痒を感じないのだった。といっても、わたしという人間は少しも剛腹でないどころか、実は物事をきわめて気にする方の性質なのである。それにもかかわらず、やっつけられることにたいしては何とも思わない、のほほんのところもあるのだった。

「当選御礼」の無断掲載

またの日、「帝都日々新聞」?の記者が来て、自分たちの新聞を役所でとってほしいと申込んだ。わたしは「あなたの方の新聞はよいように思うが、平等の原則によって地域的な新聞は一切とらないことにしているので、どうぞあしからず」といって断った。その上に、わたしは冗談交じりではあったが「わたしはあなた方の新聞を購読するより前に、あんたとこの新聞を実は告訴しようとさえ思っていたぐらいですよ」といった。相手の記者は、わが紙はあんたに訴えられるようなことはしていないと答えた。

「しているのですよ。ではいうが、あなたの方の新聞に、わたしに無断で、当選御礼と刷って各区の区長たちと並べてわたしの名前がのっているのを見た。当人の承諾なしに勝手にそんなことをなさるのは間違っている、と思う。それにわたしは、謹賀新年とか当選御礼といった風な広告はたまらなく嫌なので、肝にさわるのです。かんにさわることを、あなた方の新聞が敢えてやったのだから、訴えるに値するのだよ」といって説明した。

「大先輩からそういわれるからには仕方がありません」といって、その人は苦笑した。

大先輩と彼がわたしのことをいったのは、わたしが若かりし日に数年の間、新聞記者をやっていたからである。では、何故わたしは、区長当選御礼といったことを不愉快がったのかというのに、まず第一には無断でやったこと、第二にわたしは何事であれ、徒らにアドバタイジングになるようなことで名前を出したくないこと、すなわち、わたしの無名讃迎主義の原則に背反すること、第三にそして最後に、真疑のほどは保証の限りではないが、ほかの区長さんの中には掲載料若しくは広告料とかの名目で二、三千円?とられたという噂を耳にしていたことである。

そんな金は区長交際費のなかから出せば何でもないことであるが、区長交際費は市民の生活のために資するべく使用しなければならないもので、いやしくも個人たる首長のためにはビタ一文も使うべきではないという信念をもつわたしには、我慢が出来ないことであった。

わたしの右のような態度が、はたして是か非か。非難するものは、妥協性がなさ過ぎるとした。その見方からすれば、交際費は彼等のいわゆる妥協の潤滑油であると考えるのかも知れない。しかし、ここで考えなければならないことは、妥協の意味である。妥協とは、両方おだやかに意見をあわせることである。そしてその意見の基準ははっきりした合理の上に立つという事であって、物事をいい加減のところでお茶を濁したり、ごまかし合ったりすることではない筈だ。ところで、世の中の、もしくは政治工作の上に、妥協の名のもとに如何に不純な苟合《こうごう》(1)が行われているか、おどろくべきものがありはしないだろうか。いい加減の妥協が政治、行政の潤滑油であることは、民主主義を賊するものである。

なお、わたしは地域的な小新聞、村の新聞、町の新聞を尊重するものである。杉村楚人冠《そじんかん》(2)は村の新聞の必要を絶えず力説していた。わたしもそれに賛成である。地方自治体の健全な発達のためにも、地域の生活を明るくし、楽しくするためにも、快い地域の新聞が必要なのである。だが、事実そうした地域の新聞をわたしが見出せずにいるのは心淋しいことだ、と思う。

❖

地域ボスの生態

わたしは「アダノの鐘」のヒーローのように、地域の民主化のために努力しようと思っていた。たまたま反対物として見出されたものに、前述のボス乃至ボス性があった。ところで、一

（1）迎合　（2）ジャーナリスト、随筆家（１８７２～１９４５）、東京朝日新聞で活躍

体、いわゆる小地域ボスとはどういう人々なのか、それについてまた如何に彼らが地域の民衆生活をスポイルしているかを、ここで考えてみたい。

「その罪を憎んで、その人を憎まず」ということわざがある。わたしも、ボス性は不合理性であるとして憎むけれど、それは人その者を憎むつもりはない。わたしが彼等と天気のことを話し、季節について語り、娯楽について論ずるときには、ボスといわれている彼等もまた、よき市民であるかのように見える。それがどうしてボスになるのか。それは外でもない、彼等が私利を追求し、私欲を欲して、考えかつ行動するからである。

選挙地盤の擁護と利欲追求

なるほど、彼等ボスは住民のために世話をする。だが、それは決して隣人を心から愛する美しい精神からではなく、より多く彼等の選挙地盤のためであることを、無意識のもとに強く意識してやっているのである。例えば、彼等が好んで民生委員になりたがる、そのことは、選挙地盤の擁護でもあるが、少なくとも都の制度にあっては、それによって個人の経済的利益を得ることにもなるからである。小学校、新制中学校に後援会というものがある。それにも地域ボスの連中が非常に力瘤を入れる。それに尽力する彼等は、そこでも一つの目的意識をもつからであって、それは外でもない、それによって或は選挙地盤としたり、或は有形無形の利益を得ることが出来るからである。

地域ボスは、地域を舞台としてさまざまの利益獲得の意思乃至欲望を逞しくし、地域組織の毛細管にまで、それらを滲透させるべく不断の努力をする。そしてそれはだにのように執拗である。

ボス議員のあるものは、共同出資のもとにレストランを経営している事実もある。そうした組織をもつそのことは、非難すべきことでないのかも知れない。しかし、問題は彼等のボス政治と、それを正しくない形において、また利益追求のために使用することである。利欲ということの動機なしには行動することを欲しない彼等なのである。

だが、それがどんなに無意識であるにしても、そうした行為はボス性を含むものである。ボスの示す現象について、わたしも区政一年の間にいろいろ見聞した。また、地域に存在せるボスの性格並びに行動について、いろいろの人から知らせられもした。

わたしは、それらのボスの存在を許すわけにはゆかない。

わたしはボスに負けたのではない

わたしはある日、ポール・ムニ主演の「エミール・ゾラの生涯」という映画を見て非常につよく感動させられた。何のために？それはゾラが真理と真の正義のために、腐敗と邪悪とを糾弾したからである。

わたしは詩篇のうちに次のような文句をよんだ。

我は虚しき人と共に坐らず
偽善者と共に行かざるべし

我は悪をなす者の集いを憎み
悪しき者と共に坐らざるべし

わたしがポストを去ったのを、世間一部ではボスの圧力に打ち負かされたのではないかといって臆測した。しかしそんなことは少しもなかったのである。というのは、わたしは彼等を眼中にはおかなかった。わたしは、ひたすら条理だけを信じて非妥協に行政し得たからであった。

ボスは追放されねばならぬ

小地域における政治行政の対象は市民であり、彼等の生活である。そして人々は、日本は、過去の封建主義的な因襲を脱皮して、純粋で清くもあり快くもある民主主義の確立に急がねばならないのである。そのためにも、如何なる手段をもってしてもボスは追放されねばならないのである。しかるに日本経済の逼迫が人々を悲惨な生活苦に導いた結果、エゴイズムが肥大症となり、それがボス性をより一層ふくらませるに至ったのは悲しむべきことである。旧い形のボスが残存している上に、新しい形態のボスが発生して既存のものにプラスした。議員たちを対象として分析すると、そのことが明らかになる。彼等の素質は全く好ましからざるものを含んでいる。区は自治体として新たにより完全な自治法を与えられたのではあるけれど、それは単に名目的なものであって、財源が事実上移譲されることが少ない。そして依然として都庁に依存している。そのことが区の首長の行政的措置を極度に拘束することになっている。それやこれやのことが、自治体をひよわいものにしている。

ボスといえども、口には鸚鵡《おうむ》のように民主主義を唱える。しかし、その考え方や行動においては、それがかつてあった通りに今もある。そこでわたしは、民主主義による観念革命が何よりも大切であると考えた。ところが、観念革命の進行というものは、そう急速にかつあらわにあらわれるものではない。「ローマは一日にして成らず」という言葉を思い起させる。

わたしは区政一年の経験によって、民主主義の観点からすると民度の高くないことをまざまざ知ることが出来た。だが、わたしはそれに失望して退職したのではない。医師の勧告もあっての退職であったが、わたしは日本の民主化は小地域から始まらなければならぬという持論を退職によって決して放棄したのでもないし、わたしの意図とした観念革命が春の淡雪のように空しく消え去ったのではないのは勿論である。重ねていいたいが、日本においては何よりもまず自治体が民主主義的に健康な発達をとげることが必要である。

❖

学校の問題で手を焼くこと

学校の問題には、わたしもまったく参った。教育議員と地区の教員組合の幹部たち打つれ来って、わたしの机の前で叫んだ。

「三月一杯に新制中学四校を建てうる見込があるか、それが建たないとまことに重大問題ですぞ」

彼等といえども、それまでに建築を完了しうる見込のないことは知っているのであろう。しかし父兄たちに突っつかれる手前、わたしの前でもああも勢込んで叫ばざるをえないのだろう。そう思ったから、わたしは答えた。

「新制中学の三つや四つ建てるのは平ちゃらだ。木下藤吉郎は清洲の城を三日で建てた、というからね」

そしてわたしは「汝らこの宮をこぼて、われは三日のうちにこれをおこさん」というヨハネ二の一九を何気なく思い出した。

すると、彼等の一人が「区長、そんな大きなことをいって、もし建たないとどうする？」

わたしは決然といい放った。

「もしも建たないなら、わたしは責任をとる。民主主義者には断じて嘘はないからね」

わたしの横に助役が立っていた。すると彼等は助役にもいった。

「助役さんも区長と同意見ですか」

「区長さんの意を体しまして……」

と、彼もそれまでに建つ見込のないことを重々承知していながら、わたしに同調した。

もっとも、そういい放った以上、決して打っちゃらかして置かず、わたしも、助役も、教育課長も、しばしば、実にしばしば都庁に足を運んで努力するにはしたが、やっぱり駄目だった。

わたしは言質を重んじてやめるつもりでいたが、ある晩、教員組合のものが私宅に来て、

「あなたは学校が建たなかったら責をとるといわれた。あなたのことだから嘘はないでしょうね」

「むろん、嘘はない。近くやめるつもりでいる」

「だが、それは待って下さい。若しもあなたが学校建築の問題でおやめになる。すると、保守派の連中は教員組合が区長を追い出したのだといって、われわれを攻撃しようとする気配がある。それを察知したものですから、わたしはこうして伺ったのですが、あなたから、ああはいったが出来そうもないからしばらくのばしてほしいということで、われわれを役所へ呼んで下さい。そのときの話合いは、われわれの方でこうこうしかじかと書いてもってゆきます」といって、その男はそこにかかれるであろう内容について話した。

「よろしい。では、そうしよう」とわたしは答えた。

その妥結なるものは、形式的にはわたしの敗退だが、内容は必ずしもそうとはいえない。わたしは、保守派の攻撃から組合を守るための妥結だったからである。

××町×丁目の〝郷土愛〟

さらに学校敷地の問題について、わたしは手こずった。わたしの見解は、小学校は、特に初年生はなるべく電車線路を越えないで、通学区域とする方針だった。しかし、中学校となると新制にしてもとにかく中学だ。環境のよいところに建てるのがよい、とした。しかし父兄たちは極り文句のように「郷土愛の精神により……」といって強調して止まない。では、どんな郷土愛かといえば、××町何丁目の郷土愛をいっているのである。で、わたしは、そういった郷土愛を熱説するのは考えものですよ。それが偏狭な愛国主義になり、日本はそのために敗北したのですからなあ。もっとおおらかな観点に立ってお考え下さらんか、としばしば要請した。

そう要請しながら、わたしは自分の少年時代のことを考えた。わたしの村から小学校の在るところまでは一里あった。村の人たちが優に八町はあるというので八町という道を北にのぼるのだが、その間には人家が一軒もない。その道に吉野川の支流の、まだまだ分岐した川が沿うていた。その川には鬼蓮や菱が浮んで、おはぐろとんぼが飛び、水すましが水面に泳いでいた。春には雲雀《ひばり》が空に囀《さえず》り、蓮華やタンポポの花が道傍の草むらに咲いていた。その八町をのぼりつめると、人家が立ち並んでいた。そこで右折して、また随分歩いて学校へ行っていた。それでも遠いとは思わず、毎日楽しく通っていた。それからみると、都会人の郷土愛なるものはあまりに狭すぎはしないか。

それに、学校が棟上げをする、上棟式だ、落成する、落成式だ、といってわたしを引張り出そうとする。わたしはそんな場合には、助役なり、課長なりに代って行ってもらって、わたし自身は殆ど行かなかった。そんなよろこびこそ、その界隈に住む人たちだけで催せばよいのではないか。教育方針とか、もっと根本的な問題ならばとに角、でなくても必要あればいつ何時なりと随時出かけるつもりだ。それでよいのではなかろうかと思って、わたしは一向出かけなかった。

そんな点が父兄たちや教員たちに評判のよくなかったところであろうが、日本では大したことでもないのに、徒らに首長を駆使する弊害がある。少なくとも、あまりにも自主的でなく、自治的でないと、わたしには思われるのであった。

小学校の先生たち

小学校の先生たちに、民主主義に即してあなた方はどうした教育をなそうとしていられますかと、わたしは訊いた。すると、彼等は以前は校長の独裁でやっていましたが、今はみんなで相談してやっています、と答えた。

「わたしのお訊きしたのは、そんな事務の処理方式ではありません。民主主義的教育そのものの理念と方法なんですよ」

「それなら、研究しますから、研究費を出して下さい」と、いう。

「ご自分たちでお考えになることでしょう。考えて、考えて考えぬくことでしょう。別にそのために研究費はいらないでしょう。考えることが、まず最初で、研究費はその後に来たるべき問題ではないでしょうかね」と、わたしは答えた。

わたしは、そのときかつての師範教育なるものが如何に教育の概念が固定され、ミイラ化されているかにおどろかざるをえなかった。

旧い教員上がりの区議員は、議場でこういって堂々と叫んだ。

「教育の大計は百年毫も変らず」

それにたいして、わたしはいった。

「その言葉の意味するところは、わたしには不明だが、今日、教育について考える場合、観念革命が伴わなければいけない、と思う」

教育勅語が棚上げされた所以である。わたしの友人たちに、

「君、俺は教育勅語が廃止されて助かったよ。なぜなら、それには――学を治め、業を習いもって知能を啓発し、徳器を成就し――とあるが、俺は学を治めず、業を習わず、もって知能を啓発せず、徳器を成就せずだったからね。で、勅語の棚上げで、やれやれと落着いたところさ」といって、笑ったことがあった。それをふと思い浮べたのであった。

わたしはニイルの教育論や、モンテーニュの教育観には敬重するが、どうも教育という文字や、教育家という語句には何となく肌さむい思いがしてならないわるいくせがあった。そのわたしといえども、教育の重要性は十分知っているつもりだが、そうした言葉からうける感じがよくないのは、教育そのものではなく、それに伴う過去の形式や慣習にたいするショックなのにちがいない。わたしの考え方によれば、教育の目的は、モンテーニュのいうオネトム、すなわち人間以外の何ものでもない人間をつくることにある、と信じている。だのに、日本の教育

は、その最も重大なことを閑却して、副次的な、そしてむしろ無用の虚飾をめっきすることであるようにとれたからだ。

学校教育の上に清潔がどんなに重きものであるかを考察せず、施設の内容がどうであるかを思わないで、何でもよいから学校が建ちさえすればよい、といった風の安価な、お坐成りで行っているらしいのだから訳はない。

ＰＴＡは未だ本格的存在にまで発展せず、教員組合は教育性（教育に対する観念革命）よりも政治性に偏向している。過渡期には止むをえないにしても、心さむしいものがある。

杉並市独立の宣言

年も末に近づいて、教員組合の連中が、わたしの事務机の前に蝟集して「区長！親ごころをもって、われわれに越冬資金を支給せよ」と叫んだ。わたしは親ごころなぞというマンネリズムな、家族主義的表現からが好きになれなかった。そこには甘えとおだてとがある。しかも古い。政治界に一族郎党とかいう言葉があって、ショックを感ぜしめるのと同様だ。新しかるべき教員たちよ、親ごころなどという表現は止すべきだと思った。が、なにはさておき、

「出せれば出す。平均一人当りが君等がいうようになると、この地区の教員全体ではどのくらいになるかね」と、訊いた。

「約八十万円」

「それは一応収入役に訊ねてみよう」ということになった。

「とても出せない」と収入役の回答。それなら君、都庁に行ってとって来いとわたしは命じた。都庁は杉並だけ特別にというわけにはゆかぬと返事した由、無理もない話である。「それなら出せる限度で出したらよいではないか」とわたしはいったが、結局、千円、五百円はおろか餅代としてわずか五十円程度になったそうだ。

それを訊いて、わたしは武蔵野市、立川市がそれぞれ五百円乃至千円の越冬資金が出せているというのに、この人口三十万の大都市がわずか五十円とはなさけない。これというのも、特別区として都の衛星であるのに市制を布いていないからだ。よし、俺は杉並のワシントンとなって、都に反旗をひるがえし、杉並市独立の旗をかかげて戦うと宣言した。それには議員一同も大賛成で、面白い、真の民選区長は区長、君だけだよ、大いにやろうということになった。しかし慎重派は、趣意は絶対に賛成だが、その運動を開始する前に研究する必要がある。市制は布いたが、かかりは重くなったじゃ、市民は失望するからね、ということになり、とにかく研究することになった。その運動が声だけで終ったのは、年を超えてから三、四月になり、わたしは職を辞したからであった。シャウプ勧告(1)があってから、地方税のことに関し、地方自治権の拡充を一そうつよく主張し出したが、わたしは特別区の首長というものは、変な地位であるなら、人口五、六万ぐらいの市長がのぞましいと、そのときつつくづく感じたわけであった。

❖

政治的スポーツのこと

わたしは「いま一度地方自治体の選挙風景を見たいものだ」とよく友人にいった。

「何故だい？」

と、友は反問する。それにたいして「見ていてあんな面白いものはないからね。あれがほんとのてんやわんやというのだろうからね」とわたしは心から答えるのが常である。ほかの土地のことは知らないが、わたしの住む地区では少なくともそうだ。

何しろ四十五人の議員定数に百幾名か立候補する。それに都議会議員の選挙が一しょだと来ているのだから、賑やかなことを通り越してまったく騒々しい。わけても省線高円寺、阿佐ヶ谷、荻窪、西荻窪の駅前の街頭演説と来ては右に、左に、あちらに、こちらに怒鳴り散らし喚き合い、誰が何をしゃべっているのか、雑音度のきわみ、声の渦巻き、雑然、紛然、喧々ごうごう、立看板、ポスター、ビラ、メガフォン、マイクロフォン、自転車、オート三輪車、トラックの往きかい、まるで戦場だ。あれでこそ選挙戦だなとつくづく感じる。国会の選挙なんかまったく足許にも及ばぬ盛況であり、奇観である。肉屋のおやじ、飲食店主、雑貨店、酒屋、パン屋、本屋、薬屋、医者、教員、土建屋等々と街の各種の業態がじゃんじゃん立候補する。まさに異観である。お寺の庭の松の下に拡声器をかけて、聴衆一人もないのに大声で怒鳴っている

（1）アメリカの経済学者シャウプを団長とする使節団が、地方財政の強化など日本の税制を抜本的に改めるようＧＨＱに勧告

候補者、街の十字路の真ん中で、交通妨害になるのものかは、(1)声を嗄らしている立候補者がいる。酒をのんで足許をふらふらさせながら応援演説をしている弁士がある。旗、指物押し出しての乱軍を思わせる。てんやわんやといった言葉が、全くうまくあてはまる感じである。そうした乱軍乱戦ともなれば、もう取締りも何もあったものではなく、選挙施行細則はあってもないのに等しい。ある新聞にこんな記事がのっていた。

「選挙費用は人によって一様でないが、知事一千万円(法定八十万円)都議二百万円(法定九万円)区議四十万円(法定三万円)とうわさされている」

この場合、知事とは東京都知事の意味であることは、もちろんである。ところで、選挙費用は法定を超えると選挙違反ということになるのだが、うわさに右のように十倍以上、二十倍以上が想定されている。事前運動としてのあの手この手に用いられるものの費用は、右に掲げたうわさの額か、それ以上になるのかも知れない、と思う。いうところのあの手、この手の実例をあげようなら、数限りなくあって、新趣向、珍趣向、巧妙なもの、露骨なもの、知慧のあるもの、また、それのないものと千差万別で、われわれからいってよくもああまで考えたものだとおどろかされるものもある。そうかと思うと、まことに間が抜けていて、どう見てもおかしいものもある。

「相当金を使っても損にはならねえよ」と、豪語しているものがある。そんなことをいうものに限って、当選すると何をするか分からないという危惧が事前にもてる。それはとに角としてよかれあしかれ、ポリティカル・スポーツである選挙ともなれば、以上にかいたような現象を呈する。

選挙病患者

なかには、いとも無邪気に何度立候補をしても当選の見込み薄なものがいる。「もう選挙はこりごりです」と当人もいっていながら、いざ選挙となると立つ。これは選挙病患者と称すべきもので、チブス熱のようなものだ。その時が来るとじっとして居れなくなり、ふらふらと立候補する。そうした人は運動会のつもりで、赤や白や紫の帽子を冠り、ランニング、ユニフォームを着てスタンドの観衆を一べつし、「おれ、これから走るんだ、見ていな、用意ドンで駆け出すのだからね」と得意になれるのだ。その意味でもって解釈しなければ解釈の下しようがない。

一等になれる、二等になれるといった当選の期待が確信的にあるわけではなく、そんなことはどうでもよいので、スタート・ラインに並ぶところが愉快らしい。彼はスタンドに立つ見物人であることはたまらなく寂しいのであろう。

思うに、人間は二つの型があって、マン・オブ・アクション（行動の人）とシーア（見物人）とがそれである。前者は見物人であることはいやなのだ。わたしなどは見物人であることがすきで、それを望んでいるのとは正反対なのだ。見物人たるわたしは、ポスターや立看板は運動会場の紙の旗に例えてみている。選挙風景に似ているが、小学校児童の運動会は無邪気でほがらかでよいが、選挙風景はそうはゆかない。

（1）ものともしない

それにしても、選挙がもっとさわやかにゆかぬものかとしばしば思う。朝早くから夜遅くまでメガフォンで運動員が候補者名を怒鳴って歩いて、市民の睡眠をさまたげられたのには閉口したが、その時間が今回の選挙には制限されたときくが仕合せである〔こんどの選挙法改正では連呼は禁止された〕[1]。だが、そうはきまっていても、鹿を逐う猟師山を見ずの連中にそうした制限がいざとなると保てるかどうか疑問だし、法定の選挙費用額を厳守し、出来るならそれ以下であげるとなればよいのだが、雨後の河水のように激流となって滔々として奔流するのだから止むをえない。

あの手、この手を使うのは、一人でもの多くに自分の氏名を認識させようとする意図であることは分かる。だが、実際問題として、ああした連中に立候補してほしいと思う人たちが一向に出馬せず、あの連中がといわれる種類の人たちがじゃんじゃん立つ。そんなことでは困る。ああいう人にと心で思い、口で呟いてる人もそれだけで、それ以上、積極的に動こうとはしない。超党派的なスイセン団体が地域にいくつも出来て、それが積極的に適格者たちに働きかけるなら分かるが、そんな動きもほとんど見られないようだから、ポリティカル・スポーツは大体においてまずあるがままに行われている。

事前運動の醤油もらって頭かく〝革新候補〟

ある地域の議員が配給所にカレンダーを托して、配給をとりに来る人々に渡してもらった。それには、議員の肩書を麗々しく記入してある。それを主婦がもらって来たとき、主人は「馬鹿！

こんなものをもらって来る奴があるか」といって直ちに破ってしまった。といって、その男が、それではあの人物は立派だからとして、他の人に立ってもらうことをすすめる意思はない。ある議員が年末に、醤油の一升の罎詰を諸方へマッチをつけて配った。「俺もこんど立候補するのだが、俺自身がうっかりその醤油をもらったのだから始末がわるいや。今にして知る、あのとき俺はもらわなければよかったよ。そいつは金をもってるし、同地域で俺も立つのだから」と進歩的陣営に属していると呼称する男がやって来て、筆者に話すのだから、他愛はない。

地方自治の清白をのぞむものにとって、前途程遠きを思わせられる。

それというのも、まともな人間は生活窮苦のためになかなかそうした廓清《かくせい》(2)に立ちあがる余裕がない。思うだけで実践が出来ないものだから、少しでも生活の窮苦を緩和する方法がとれない。生活が窮苦だからそれの打開策を地方自治を通してしなければならないし、生活が窮苦のために、それに追われて寄与する余裕がないというのは、痛ましい矛盾である。

知識人といった人たちの多くは、地域の行政政治には関心をもちたがらない。彼等のあるものは、地域的ポリティカル・スポーツをスタンドから見物はするが、空に浮ぶ雲、とぶ鳥を眺めるといった態度さえとる。

❖

わたしは、村がすきだ、町がすきだ。美しい、明るいそれらが。花園のように美しく、朝風のようにさわやかなそれらが。住みよい地域が、たのしい運行が。

(1) 公職選挙法では原則として連呼は禁止されているが、街頭演説や選挙カーでの連呼は例外とされている
(2) 悪いものを取り除くこと

区長落第記

親愛なる都職支部諸君へ

わたしは、わたしの〔助役選任についての〕申し出を、諸君がいうところの総意による拒絶に遭って、快く引込めることにした。それは、わたしがわたし自身のポストを引込める決意を前提としてなされたものである。諸君の総意は幹部によって代表されたものか、吏員の一般投票の結果であるかは知らないが、わたしは諸君故に全体の意思と見做し、敢えて一般投票によっての結果によろうとするようなことはしない。前藪君にいったように、わたしは退職する。民主主義者に少しの嘘もあってはならないからである。わたしはわたしの信念を捨てたのではない。ただ、諸君に不満な感情の残滓のないように、諸君のためにわたしは退職を決意しただけの話である。

敢えていうが、わたしはこれまで諸君の意思を無視したことがあったか。諸君の意思を極度に尊重すればこそ、こんどの人事異動における諸君の協議を、わたしに直接に示してほしいと望んだのだ。

わたしの諸君に申し出た人事は、その地位にいるものを動かしたものではない。たまたま生じた空席に、わたしの民主主義革命の意思を挿入させてもらおうとしただけである。

諸君はそれを天下り人事という。しかし、わたしには、そうした気持はない。あるわけがないのだ。それも諸君が僕を、この僕の抱懐する精神を十分理解していると信じたからであった。

ところが、それがわたし一己の過信であり、また錯覚でしかないことが分かった。

わたしの不明であった。

結果から言えば、わたしの意図は、これで二度の発足の途端に、都職によって挫折させられた。一度は本部によって。二度目は支部によって。わたしをしてそのことを結果的にいわせると、ボス勢力への間接加担であるとさえ見解しうるのだ。民主主義革命は、より多く精神内容の問題であって、形式的なものであってはならない。

わたしは同僚諸氏から、烈々たる民主主義精神の躍動を十二分に感受しえなかった。より多く、吏員気質を無意識に内蔵せるかに思われる形式的民主主義的見解を感知して来た。同じ職場に働いている同僚諸君から、全面的に反撃があろうとは、夢さら思わなかった。わたしは、そんなにまで理解されていなかったのは意外であり、まさに寂しさでもある。

わたしは、前面に立ちふさがる障害を諸君と協力して押し開いて行こうとした。そこに民主主義の進路があると確信した。組織内部における民主主義の整備に終始するだけで安心は出来ないのだ。非民主主義的残存勢力の打破に、わたしの重点がある。それに競合する民主主義的要素は、狭量に排斥することは正しいことではない。わたしの意図が足元から崩れて来ようとは予想だにしなかった。

だが、諸君の総意を容れ、しかもわたしの信念を捨てさせないためには、わたしが退職することが最善の方法である。内容的に深い理解とつよい結果なき限り、万事はうまくゆくとは思われない。

わたしはわたしの執るべき方針を決定した。幸にも、わたしは宿痾の腎臓疾患が近時著しく悪化している。医師は、わたしの絶対的安静を要請している。わたしの辞意の事由はそこにおく。

手続は浅野課長をして、直ちに草案をかいてもらうことにする。

業務協議会は、助役〔暫定のそれ〕その他の諸氏とやってほしい。

選挙民にたいするお詫びは、わたしはする。

わたしは、区長当選によって漫画化されたので、退職も漫画化をさけるために、近く静養地に赴くでしょう。

健康回復の日を待って、わたしは国際文化の方面に専念するつもりである。

❖

ユートピアを幻滅すること

人口は少々多いが、地域のひろさは手頃である。しかも東西が少し長いが、南北もそう短くはなく、大きくいえば、豪州型、小さくいえば四国型、大体扇子をひろげた、蝙蝠がはねをひろげたような地形なのもよい。それに戦災をうけた部分も他区に比しては少ない方であった。ユートピアを描くには、まったく頃合い。わたしは、農事試験場のつもりでやって行こうと思った。

終戦直後、人々はいずれも生活の窮苦を来たしていたのを見て、わたしたちは同志と謀って中央沿線を主軸として、西部生活協同組合連盟をつくりあげた。そんなことでインフレの巨浪が防げるものではないというかも知れないが、一尾十円で魚屋が売っている魚を、われわれの組合が五円で組合員に分配しているとすれば、その差額の五円だけのインフレ防止になってるわけではないか。スウェーデンが組合国家といわれているように、わたしたちの居住区を組合区にしてみたい、と思った。碁盤の全面に隙間もなく布石するように、地区全面に生活協同組合を布石して、それを連合体に盛り上げ、そうすることによって完全な組合区にしたいというのが、わたしの一つのユートピアだった。ある意味からすると、わたしはそれを実現したいがために、あえて首長になったといえるかも知れないのだ。事実、その意思はかなり実現の線に向って行って、区内に相当数の生活協同組合が自然発生して行った(だが、それにはいろいろの原因と事情とがあって、少なからず壊滅し、残存せるものも気息奄々《きそくえんえん》たるものが多い。わたしの夢は幻滅した)。

次に、この地区には学者、文化人、知識人たちが多く在住しているのであるから、わたしはゲーテや、シラーや、ヴィーラントやリストの住んでいたワイマールのような、芸術的香気の高い地区にしてみたいと夢みた。で、区の議員たちも国会にもいないほどの立派な人たちになってもらって、あの一段と高いところに議長席があり、その下で、しかも議員席よりはいささか高いところにある演壇を取のぞき、平面で馬蹄形のデスクにして、演説句調ではなく、座談会のように打ち寛いで話合いたいものだと思った。だが、それも一場の夢と消え去った。

それにもいろいろと理由はある。その一つには、事大主義はそうした立派な人たちの考え方を無意識に染めているからではなかろうかと、わたしは思った。仮にその人たちが、何をいうんだい、この俺に区議になれというのかいと考えるならば、その人はまだ事大主義の亡霊に憑かれているといえるのではなかろうか。その考え方は、小学校の先生より中学校の先生が一段上、高等学校の先生より大学教授の方がえらいのだという旧観念に囚われているもので、それはまだ村議会議員より都道府県の議員が上、国会議員がさらに上と考えているのと同じで、そうした考え方のあることが、わたしにいわせると、事大主義の尾骶骨が歴然とあることを実証するものである。いと小さきものに奉仕することがいと大きなものに奉仕することであることを知るべきである。

文化人が住むから文化地域なのではない

しかるに、文化人、知識人、学者たちといった人たちは、概して地域の卑近な問題といったことには関心をもちたがらない。世界経済については堂々と論陣を張るが、地域の地方経済の如きことには問題にはしたがらない。そんなことは地域政治家の問題ではあるが、われわれの問題とするに値せぬというのであれば、怖るべき謬見といわねばならない。そういう訳でもなかろうが、それらの Élite たちは地域の諸問題にたいして興味をもちたがらないのは事実である。そうだとすれば、地域に多くの文化人が住んでいるということだけでは、文化地域ということにはならない。そこに住む文化人たちが地方の諸問題に寄与することによって文化地域の実体がありうるのではなかろうか。もしそうした実があがり、理拠が築かれて行ったとするならば、シャウプ勧告のごときは待つまでもなかったのではないかとさえ思われる。

文化人、学者、芸術家が大勢すんでいることは「文芸手帳」（文芸春秋社版）の寄稿家抜萃録からさらに抜萃してみよう。

（ア）阿部行蔵、阿部真之助、青柳瑞穂、荒正人、荒畑寒村、有沢広巳、（イ）伊藤熹朔、井伏鱒二、池田みち子、石川欣一、石黒敬七、岩上順一、（ウ）宇野弘蔵、（エ）永戸俊雄、（オ）小穴隆一、小倉金之助、大鹿卓、大田黒元雄、大原富枝、恩地孝四郎、（カ）片山敏彦、金子洋文、河盛好蔵、上林暁、（キ）木村荘八、木山捷平、金田一京助、（ケ）源氏鶏太、（コ）小泉丹、小松清、小宮豊隆、小山いと子、幸田成友、（サ）佐々木基一、佐藤朔、里美勝蔵、（シ）清水幾太郎、塩田英二郎、芝木好子、渋川驍、新庄嘉章、（ス）吹田順助、鈴木信太郎、鈴木武雄、（セ）関根英雄、（タ）田部重治、田辺忠男、田宮虎彦、田村泰次郎、高木卓、高沢圭一、高島善哉、橘外男、谷川徹三、淡徳三郎、（ツ）津田青楓、（テ）寺田武雄、（ト）東郷青児、外村繁、徳川夢声、富田英三、富田常雄、富永謙太郎、（ナ）中川一政、中野好夫、（ノ）野村胡堂、（ハ）迫間真治郎、浜本浩、（ヒ）日高只一、日夏耿之介、土方与志、（フ）藤原審爾、古谷綱武、（ホ）堀真琴、本田顕彰、（マ）前田夕暮、松本たかし、丸山幹治、（ミ）三好悌吉、（ム）務台理作、

（ヤ）山口青邨、（ユ）弓館小鰐、（ヨ）米川正夫（昭和二十五年十二月十日現在）

だが、これは『文藝春秋』の寄稿家、しかもその中の一部抜萃というのであるから、ほんの一部分に過ぎぬのであるが、それらを列挙しただけでも学者、文士、画家、演芸関係、音楽家等々が沢山居住していることが分かる。

ある日、助役が「この区は何分にも文化区ですから」といったから、わたしは「それではどんな人たちが住んでいられるのかご存知ですか」と反問すると、彼は「その点はよく知りませんが、たしかに文化地区には相違ありません」と答えた。

世間の文化地区感は、大体そういうように思う、そんな気がすると実は漠然たる感じをもっているのに過ぎない。そうした文化人たちも、区の役所を村役場か三等郵便局程度に考えているのであるから、いかにワイマールのような地区にしてみせるとわたしが力んでみたところで、それは一場の空夢になるのに過ぎないのである。そうした地域にたいする夢があまりにも儚く消えたとき、わたしに杉並区は文化地区だからという人があると、わたしは「文化地区なもんですか、ヒューマン・ジャングルさ」ときっぱりと答えたものだ。

また、杉並区を池に例えると、文化人といった人たちは、水面に咲いたウォーター・ヒヤシンス、河骨《こうほね》の花、水蓮の花といった風のもので、その池の中での活動体はその中に棲む鯉、鮒、たなご、どじょうなどである。地域政治家の活動舞台であって、文化人たちとは大凡関係が薄い。そうであってはいけないのだとは思うのだが、事実がそうなのだから仕方がない。

〝プッソエ物語〟を書こうという童話作家

ヒューマン・ジャングル（人間の大密林）！文化地区なんかであるものか、とわたしは心のなかで思ったことがある。因襲が磐根錯節《ばんこんさくせつ》している。情実の苔はむしている。小暗い密林、その中には利権漁りの蝙蝠や、とかげや、貪婪《どんらん》な鰐や、その他いろんな奇鳥怪獣がいる。そんな風にも見られないか。ある日の書斎でヒューマン・ジャングルの譬話《たとえばなし》をすると、友人の童話作家がこんなことをいった。

「君、それでは俺が〝プッソエ物語〟を書こう」

で、わたしは、彼に訊いた。

「〝プッソエ物語〟って何だい？」

彼は答えた。プッソエ物語とは、『エソップ物語』を逆によんだのだ。エソップは、鳥や狼や狐なんかを使って物語を書いている。俺は逆に君の言うヒューマン・ジャングルに活動している人間を動物化して物語を書くのさ。亀に似たような人間を亀にし、狸に似た男を狸にして書くのだ。『エソップ物語』を逆に行くので、〝プッソエ物語〟というのだよ。

それはある日の閑談だった。そして一場の冗談ではあるが、ワイマールの美しい夢の国から「人間の密林」だということに転落したことは、わたしの幻滅を物語るものでなくて何であろう。自主的な精神を欠くところ、そして依存主義が骨格となっている民衆の間では、民主主義はすこやかにはのびない。生活協同組合だって発達しないのは当然である。

終戦直後、わたしは近隣の人たちに「こうもお互いの生活が窮苦になったのではやり切れないから、一つ生活協同組合をつくろうではないか」とその組織、経営、運行を説明した。わたしは「それあいい、大いにやりましょう」というかと思ったら、「結構ですなあ、おやり下さい」と、彼等の一人は答えた。

それが依存主義である。出資金を一口出して置いて、組合から利益を享受しようとする依存主義であって、自分の生活は自分たちの手で防衛しようとする意思が伴わないのであるから、生活協同組合だってうまくゆく筈はないのである。

生活協同組合を全地域に布石するというユートピアも虹のように消え、ワイマールの夢も儚く潰え去った。

この地区には一つの文化会館もない。図書館もちゃちな、僅かの書冊しかないわびしいものがあるきりだ。スバル座の重役が荻窪に地をトして快適な図書館を建設し、内外の書冊雑誌をあつめ、光線のさんさんとあたる庭には休息のためのベンチ、青い芝生もあれば読書に疲れた目を緑樹や花で休ませるといった計画も、藤原義江、近衛秀麿、和田三造氏らを発起人として立派な洋画館、そしてその間には演奏も出来、近代劇もやれるといったようなものをつくるといった計画も、どうなったことやら。夢は水泡のように浮んだものの、いずれも儚く消えて行ったらしい。ワイマールの夢いずこ。ユートピアは結局ユートピア。

❖

区長落第記

わたしは小地域の首長をやめた。理由は不健康という一事に尽きる。

区長なんて誰にでも出来ることだ。むろんわたしにだって。不健康にならず、わたしの性格がより多く牽《ひ》き、それ故にもっと人の世に寄与すると信ぜられるものがあるとしたら、わたしは四年の任期をつづけたであろう。健康が思わしくないために止しただけである。

わたしは、こっそり入院する患者のように、こっそり退休することを欲した。それだけの話なのだ。だのに、そんなに平板簡明な事実でも、臆測をもって彩られることになると、いろんな形になるから可笑しなものだ。だがそうした浮像的見解にたいして、わたしは弁解する気もないし、その要もない。まったく見る人の心ごころに任せておくより外はないからだ。

分かるときが来れば分かる。分かってもらえなくともそれはそれで一向に差支えなしとするのが、わたしの流儀だからである。そしてわたしは、わたしのような区長がやめたについてとやかくいうのを、むしろ不思議とも思い、面白いとも考えた。

各人は各説する

「ある政治家がいってたぜ。『新居は政治的機略を知るまいと思っていたが、あそこのところでやめるなんて味をやり居る。もっと長くやって居れば、彼の体臭に区長の匂がつく、その匂いが付かないうちにちゃんと身を退いて、後図を策するのによい広い道に出た。区長というような袋小路にいつまでもちぢこまっているのは、彼には損だからなあ』と」

それをきいて、わたしはびっくりした。というのは、わたしには微塵もそんなことを思える意思のあるわけはないからだ。かと思うと、

「君は評判がわるいぞ。何分にも君には気まぐれというわるい癖がある。その気まぐれが、突如としてポストをなげ出させたのだ。だから、これから君が何をやったって信用はされないよ」

「とやかく言う連中は、真実を知らなくて想像で物をいうのさ。何といったっていいよ。御意のままだ」

「そうはいかんぞ。それが集まりあつまって一つの社会通念を形づくるのだからなあ、それは莫迦にならんぜ。それが世論というものなんだ」

「仕方がないさ。どういおうと」

「そんな量見だから救いがたいのだ」

ある女性はいった。

「先生、あなたはとても茶目だわよ。区長になったのも、その茶目からでしょう。そしておやめになったのも」

「そういうわけではないですよ。なったのも、やめたのも、運命なのさ」

ある婦人記者もいう。

「あなたはいやしくも文化人の代表のようなわけなんだから、軽々しくお止めになると文化人の敗北になるのだから、頑張らなくちゃ駄目よ」

わたしは微苦笑して、答える術を知らなかった。そして心の中で思った。彼女はわたしの安月給を知っているのかしら。区長になりたての何ヶ月は大枚千四百円で、それは映画館の案内ガール程度、いやそれ以下であった。それは食ってゆける額ではありえない。「大いにやってほしいわ。でも食べられないでしょうから、あたしたちあなたの後援者たちは月に十円ずつ大勢であつめて生活に心配はさせませんわよ」と、冗談でいいからいった上でも頑張れというのなら分かる。わたしといえども、いかに困っても他人から援助は断じて受けない。いいたいのは漫然たる発言ではなく、十分にわたしならわたしの在り方を知ってもらいたいことだった。

「時に、新居格さんなんて怪しからんよ。やつがやめたために、再選挙に百万の選挙施行の金が要るのだ。そんな金があれば何か有益につかえるじゃないか」

しかしわたしがやめなかったとしたら、その金がその人のいうように使えるというものではない。

わたしは病気でやめたんだが、故台東区長の椎名竜徳君は病死したので再選挙があった。それにたいし百万そこそこの選挙施行費を要したのにちがいない。そんな場合、「椎名は怪しからんよ、病死するなんて」といえるであろうか。

それぞれのことを、各人は各説する。大いにするがよろしい。

わたしにはその悉くを理由を以て弁駁ができるが、そんなことを考えるより窓外の青葉に目をやって、植物の思想でも思い浮べることがはるかに気が利いているといいたいのである。

ドン・キホーテの退休

かえりみて、わたしはまさに一箇のドン・キホーテだったらしい。その気で相棒のT君と毎日庁舎に通ったものだ。役不足だったでもあろうが、彼がサンチョ・バンサの役を引受けてくれた。

サンチョーが常識ある郷士であったように、彼も常識ゆたかである。それにたいして、わたしの性格にはかなりドン・キホーテ的な要素があったかのようである。民主主義の風車をのぞんで、条理の鎧をつけて遮二無二進もうとした。

ドン・キホーテのやってのけたさまざまな冒険は滑稽な失敗をしたが、彼の理想は永遠のものである。わたしのふりかざした条理主義による施策はしばしば問題を起したかも知れない。しかし、わたしの考え方はいつかは実現すると信じている。わたしは、キホーテが理屈ぬきに頼まれると引受けるように、保守党の候補者を打倒してくれとたのまれて、理屈抜きに引受けた。よしそれだけならやってやる、とのこのこ立候補してしまった。すると、当選した。わたしは一部の人に約を果したが、投票してくれた民衆にたいしてはそうはゆかなかった。そこで、わたしは行政なるものにとりかかったのだ。そしてこの一年間というものを過ごして来た。

公正にやって来たつもりだ。わたしは無私でやったのだ。そのことが、いちじるしく仕来りに泥《なず》み、形式にこだわる人々を不快にしたのであろうと思っている。

しかし、わたしは誰をも憎みきらったことはなかった。わたしは、これまでの区長たちの写真をとりのぞいた。彼等にたいして何の恩怨があるわけだ。一体、知らないのだ。だが、わたしは旧時代、旧制度の残影の目にちらつかすことを欲しなかった潔癖によったものだ。

わたしは以前の区長というものと、新しい区長というものは全然観念を異にすべきものと考えているが、多くの人々は、依然としてまえの区長と同じような見方を普通としているらしかった。それに対し、わたしはわたしの信念にしたがい、ものの見方、考え方をどこまでも条理主義でつらぬこうとしたまでである。

自由人の春

わたしがやめた季節は、陽春艶やかなころである。わたしは浮腫のある両脚を投げ出してソファーに横臥して、ガラス窓越しに隣の寺の境内に咲く紅椿を眺めるともなく眺めている。そして、過ぎ去った日のことを考えるよりは、未来のことを思う方がたのしいし、その方が養生にもなるように思われる。

区長退休の弁としてわたしのかいたことがあたっているかどうか知らない。どんな風にかいたらいいのかも分からないのだった。というのは、やめた直後なのだ、何分にも頭が整理されてもいないからだ。

自由人に立ち戻ったよろこびの方で胸が一杯だということを、区長退休の弁をいうより前に心から吐露したいのであった。

自由人になったことの快い感じは、トンネルから出て来た汽車の窓から、さんさんたる太陽に照らされた緑樹を見、紺碧の海を眺めたときに等しかった。自由人に復籍したと感じる、この胸の軽さ。それが心の春でなくて何であろう。これで肉体的条件がよかったならば、と思うだけである。

小雨降り、黄菊のぬるる
武蔵野に
われ住みなれて人を憎まず

これは亡き友、平野萬里(1)の詠草である。だが、今はサクラ咲く四月なので、季節には相違はあるが、武蔵野にわれ住み慣れて人を憎まずという点には共感が深い。

(1) 歌人、詩人(1885~1947)、北原白秋、石川啄木らとともに「明星」の主要メンバー

〈小伝〉小松 隆二

〝地方自治・地方行政の鑑〟新居格の生涯と業績
——典型的な自由人・アナキスト

〈エッセイ〉大澤 正道

新居格と「世界の村」のことなど

〈小伝〉〝地方自治・地方行政の鑑〟新居格の生涯と業績 ——典型的な自由人・アナキスト

小松隆二

一　新居格という人

新居格（にい・いたる　一八八八—一九五一）という人は、インテリ的・論壇的アナキストとして知られるが、意外にも「地方自治・地方行政の鑑」「文化と自然のあふれるまちづくりの先駆者」の一面ももっていた。

新居は、自らをアナキスト、サロン・アナキスト、あるいはユートピアン、ドン・キホーテなどと言いつつ、一方で足下の小地域のこと、そこでの民主化やまちづくりのような夢のある構想・目標を大切にした。他方でその具体化と享受のために計画的に実践することもいとわなかった。行政や役人の役割や責任についても、市民・住民本位に悪しき慣行を打破し、抜け道のない筋道の通ったあり方を主張し、実行しようとした。

新居は人間・女性、生活・社会・市井、さらに文学・芸術・哲学・思想等をめぐってアナキズム的・自由人的な発想や主張、また評論やエッセーを実に多く残している。全ての著作を網羅して著作目録を正確にまとめるのは至難の業と言われるほど、膨大な数の論文、エッセー、翻訳、著書を発表している。編著や訳書も入れると、単行本だけでも四〇点を優に超えるほどである。

ただ、それだけではなく、従来それほど留意されないできた、まちづくり論、地域論、地方自治論、地方行政・役人論でも先駆者であった。それも独特の個性・特徴も持つ先駆者であった。特に論説、エッセー、主張など文筆を通す理念・観念としてのみでなく、実践・運動としても具体的な方向性を示し、挑戦した先駆者であった。

とはいえ、新居も多くの人と同じで、目標や関心・課題も、それに向かうプロセスでやるべきことも、終始変わらなかったわけではない。日々年々反省しつつ、生き方を考え、やるべきことに挑戦する。しかし、思い通りにも想定通りにもいかない。それでも努力、挑戦を続けた。ただし、自由人を自認し、自由人らしく生きる気構えは変えなかった。

ただ、自由人と言いつつ、新居は勝手で行き当たりばったりという意味での自由人ではなく、またダダイスト的で気ままな自由は否定しつつ、彼の特徴でもあったが、日々反省し、自省しつつ、より良い生き方を志して過ごしていた。

そんな新居らしい自由人・アナキスト的生き方が多くの著作の中でも最も良くうかがえるの

は、本書『区長日記』である。夢も、それに対する現実・挑戦も、また本音・言いたいことも、ストレートに出ていることが多いのである。

戦後に至って、五〇代の後半になっていたが、杉並という小地域において進んで区政に乗り出す。どうしてもやりたいことがあったからである。より良い社会を創るには、小地域から変えていかなくてはならない。戦後の崩壊と混迷の中で、しかも新しい時代を迎えたのだから、変革も可能かもしれない。そう考えたのである。彼の一貫した生き方であったが、結果を考えるより、ともかく構想・提言と挑戦・実践であり、試行錯誤であった。決して成算があったわけではない。ただ、ここでやらないでどうするのか、という強い気構えであった。

たしかに夢・理想はあった。夢や理想は簡単に受け入れられるはずはないが、区民の支援をあてに「人間愛の行政」を基本に、夢・構想の具体化に向けて戦わざるを得ないと考えた。公私の徹底した区別、陳情政治・形式主義・マンネリズムの排除、議員定数の削減など、政治・行政には課題が多かった。時には一部区民のエゴイズムなどにも対応しなくてはならなかった。

しかるに、新しい構想・改革には特に内部から予想以上に抵抗が激しく、たった一人の闘いとなりがちであった。結局、自分の節を曲げないためにも、新居と議会・役所の間に妥協点はなく、新居は病気を機に理想や目標を掲げたまま、身を引くことになった。

新居について、「地方自治・地方行政の鑑」、文化や自然や環境も視界に入れた「文化と自然のあふれるまちづくりの先駆者」と言ったのは、大袈裟すぎる評価ではなく、まぎれもなく彼の標した挑戦・足跡であり、夢であった。区民は支持したものの、政治や行政・役所からは協力が得られなかった。むしろ政治や行政の現場は、市民本位に理想を追う新居に対しては抵抗勢力・敵になった。それでも、最小単位の村や区を重視し、経済・モノを超えて文化・芸術・自然をも重視するまちづくりの夢、区民本位の暮らしづくりの夢は譲らず、信じ続け、掲げ続けた。

新居という人は不思議な人である。アナキストとしては、幸徳秋水や大杉栄のように、忘れられることなく、絶えず広く記憶され続けた人ではない。刑死や虐殺に遭ったわけでもない。また朴烈が朝日新聞社に訪ねてきたり（和巻耿介『評伝　新居格』四一頁、文治堂書店、一九九一年）、難波大助の虎ノ門事件（大逆事件）に巻き込まれかけたりしたことはあるが、派手に新聞などを賑わす事件に関わったわけでもない。

そうかといって、彼はアナキストとしてのみ生きたわけではない。むしろアナキスト・アナキズムを超えていた。政治・行政への挑戦もその一つであった。

その新居も、今日は一般的には忘れられた人である。そうかといって、全ての人の記憶から完全に消え去ってしまったわけでもない。忘れられかけては、何かを機に人々の記憶に蘇ってくる。それから間もなくすると、また忘れられかけ、しばらくは名前さえ見かけなくなる。それでいて、いずれまた何かの拍子に蘇るのである。

それには、新居が目立たず息長く活躍したということではなく、現代を含め、その後の時代にも生き続ける意外に大切な理想や課題を掲げ、挑戦や活動を行って、消すことも無視することもできない足跡を標していることが与っているだろう。

この度も『区長日記』の再刊と共に新居が蘇るとしたら、たんに『区長日記』の新居らしい自由人的発想・主張・活動がうかがえる著作の復刊・復権の意義を超えて、「地方自治・地方行政の鑑」や「まちづくりの先駆者」としても蘇って欲しいと願っている。

二　新居格の生涯と業績　―挑戦の足跡―

(1) 誕生、成長、東京帝大入学・卒業、新聞社での宮仕え

新居格は一八八八（明治二一）年三月九日、徳島県板野郡の斎田《さいた》（翌一八八九年から板野郡撫養《むや》町斎田、後に鳴門市）に生れた。斎田は父の病院のあるところで、新居の出生の地でもある。本籍・実家は板野郡大幸村（すぐに大津村大字大幸村字松ノ下九番地に。現・鳴門市）であった。

格は父・譲、母・キヨの二男で、長男の兄、弟、そして姉妹が四人の合計七人兄弟・姉妹の三番目であった。新居家は代々医者で、父は医師三代目であった。ただ兄・敦美は六歳になる前に夭折しているので、本来は次男の格が医者の跡継ぎであるが、強度の近眼のため、弟の厚が跡を継ぐことになった。

小学校は地元・撫養の斎田小学校に学ぶ。同期の親友に後にイギリス大使など外交官として活躍する天羽英二がいた。この子供の頃の自然との親しみが根底にあるので、新居は、都会的

生活や都会的センスを身につけているようにも見えるが、実は田舎・自然が大好きであった。斎田小学校を卒業すると、徳島中学、七高を経て、一九一〇年、東京帝国大学法学部政治学科に入学する。社会主義に惹かれだした中学時代に演説で教師を弾劾したという理由で（新居格編『わが青春の日』七四―七五頁、現代社、一九四七年）停学処分を受け、一年遅れていたので、この東大入学時には、二二歳になっていた。同期では、同じ学部には河合栄治郎、国文科には和辻哲郎がいた。

この間、一九〇五年四月、一七歳の時に、同じ撫養町でも大字黒崎村の江富叶蔵の三女・トクと結婚する。トクは格より一歳年上で、一八八七（明治二〇）年一月一日生れであった。格の母・キヨはもともと江富家の出で、そのつながりでの、また母の強い希望を受けての結婚であった。早婚のため、東大入学時にはすでに長男・長女が誕生していた。

この若い時代の結婚の体験が、後の戦時下になると、国策の早期結婚論に利用されることになる。もっとも新居は早婚を勧める講演を依頼されても、軍部や行政の期待通り早婚は良いなどと単純に若者に勧める話はしなかった。きまって早婚にはプラスもあれば、マイナスもありますと、要請や期待を巧みに外しながら、話すことにしていた。

七高時代には、神経衰弱に悩んだが、文学書中心に読書にふけった。東大時代には小野塚喜平次、吉野作造ら優れた教授に触れ、指導を受けることができた。吉野には、講義は聴かなかったが、政治研究室で指導を受けた。その上、吉野らとの東大時代のつながりを利用しつつ、その後の就職や仕事も見つけることになった。

一九一五年、東大を卒業する。新居はいきなり新聞などジャーナリズムの世界に飛び込んだのではない。最初の就職先は満鉄（南満州鉄道株式会社）であった（和巻耿介前掲『評伝　新居格』九頁）。満鉄なら営利のみでなく、調査・研究にも力を入れていると考えたのであったが、好んで入社したわけでもなかったので、雰囲気・肌合いが合わないと思ったのか、たった一日の出勤で退社する。

彼は東大時代に将来を考えるとき、大企業など営利会社で働くことは頭になく、また希望すれば進めた官庁にも、また弁護士など法曹の世界にも、興味はなかった。小説など作家・文筆家は視野には入っていたが、まだ十分に修業も積んでおらず、当面の進むべき道には入っていなかった。残るは学者や新聞などジャーナリズムの世界であった。

新居は学生時代から、勉学や読書は嫌いではなかった。それだけにおぼろげに学者の道も視界に入っていた。ただ学者になるには広い濫読型や趣味型の学習のみでなく（もっとも本人は自らの学習・読書姿勢を濫読型ではないと言っている）、法学や政治学の主要な領域・課題で特定のものを深く掘り下げたオリジナルな研究も欠かせない。彼はオリジナルな発想では優れたものを持っていたが、卒業時には特定の課題を深く掘り下げるような学習姿勢はまだなく、小野塚ら指導教授から大学に研究者として残るようにといった声がかかるほどではなかった。友人からも学者向きとは見られていなかった。

しかし、それでもなお学者の道に関心が残り続けたと思えるのは、満鉄に入社するのを辞めた後、東大法学部の政治研究室に戻ったこと、また読売新聞社に入社してからも、政治研究室に通い続けたこと、また朝日時代にも大学や図書館に通うことを目標にしていたことにもうかがえる。満鉄を辞めた後、小野塚や吉野らの指導を受けるが、小野塚が新居に勧めたのは、次も学者ではなく、新聞社関係の仕事であった。

新居にとっては、小野塚の紹介した読売新聞社が最初のまともな就職であった。政治研究室で指導を受けた吉野らが大正デモクラシー運動に乗り出す直前であった。この読売を皮切りに大阪毎日新聞社、東洋経済新報社、さらに東京朝日新聞社と新聞社・出版社を渡り歩く。

ただ、新居は新聞記者生活に入ってからも、学者の道に関心をなくしてしまうわけではなかった。特に大阪毎日時代には、作家、評論家、学者たちとの交流を深くするが、その交流から雑誌に論文やエッセーを書く機会が増えていく。その分、記者生活の方に食うための宮仕えという飽き足らぬものを感じ、思想家、学者、作家への夢をあきらめずに持ち続けていく(和巻耿介前掲『評伝　新居格』三一、三二、四一頁)。

一九一九年、箕面の新しく拓かれた住宅街(大阪府豊能郡箕面村桜井新市街)に住んでいた大阪毎日時代であったが、京都大学から政治学史担当の講師の話が舞い込んだ。三一歳になった新居は大いに関心を示し、京大と話し合いもする。しかし、最終的には、京大の内部事情と新居の入院などで実現しなかった。京大の方から声のかかった話なのに、結局うまくいかなかったことが、新居に一九二〇年一月末に大阪毎日を退社、大阪を離れさせる切っかけを与えたのではないかと推測もできる。

東京朝日に在籍する一九二〇年頃からは、社会運動・社会思想の高揚にあわせ、新居としても社会思想・アナキズム関係の論説・エッセーの執筆に手を染めだす。もっとも当初はそれほど本格的なもの、深いものではない。それでも、以後、『国家学会雑誌』『労働文学』『早稲田文学』『婦人公論』『先駆』『新潮』『改造』『新小説』『社会思想』『解放』『文章倶楽部』『大東公論』など社外の雑誌の方に比重が傾くほど積極的に執筆していく。

ただ同時に、そこに、論文やエッセーを書くようになっても、新聞記者のままでいる自分の置かれた位置・姿に不満を抱く気持は変わらなかった。朝日時代の一九二一年七月の日記には、「僕は思想家である。僕は学者でもある。芸術家でもある。そして著作で生活するのが主である。……記者であること、記者をしなければ食えないことは恥だ。思想家生活、学究生活、創作生活を以て自分を考察すべきである」(和巻耿介前掲『評伝　新居格』三一頁)とまで書き留めている。

もっとも、新居が学者生活といっているのは必ずしも大学に残ることだけを考えていたということではない。その後も明治学院の教授への就職運動もするように、大学に残ることも希望していたが、学究生活、思想家生活とも言っているように、宮仕えの形を抜けだして、誰にも気兼ねなく自由に発想、思想形成、執筆、発表することが目標であった。

一九二一年九月には、それら雑誌に発表済みの論文・エッセーを集め、最初の単行本となる『左傾思潮』を刊行する。函付きで二八〇頁のしっかりした造本である。文泉堂書店の遠藤孝篤の強い懇請に応えたものであった。最初の著書が新居らしく自身の造語である「左傾」をタイトルに用いているのは面白い。同書では当時の自らを「無名」とか「評論家」と称している。

その後、東京朝日に席を置いてからも、社外での執筆活動の旺盛さが続く。同時に社会主義・アナキズム関係者との交流も深めていく。その点では、朝日は自由な雰囲気があるようでいて、実際には新居の姿勢には社内では批判が少なくなかった。

一九二三年九月一日には、関西から夜行列車で早朝に帰京するが、その足で朝日に出社。その日のお昼に驚天動地の大地震に遭遇する。それから新居にとっては嵐のような日々が続く。朝日も自宅も被災。その上、大杉栄、平沢計七ら旧知の虐殺があり、二人の葬儀に参列、一二月には、難波大助の虎ノ門事件と大事件が続いた。全く付き合いのない難波からは朝日を通して事件の計画を告げる手紙が届き、警察に押収されている。

その間、一〇月には、社会主義に傾斜し、朝日社外の活動の目立つ新居に社から解雇の通告がなされた。社としても人員整理や立て直しが必要で、新居はそのやり玉に挙げられたのである。新居も社会主義を受け入れだし、社内での風当りの強さに、退社も覚悟せざるを得ない雰囲気を感じとっていた。それだけに、その通告を機会に独立し、評論家・文筆家として立つ決意を固めた。解雇通告後しばらくは朝日にとどまり、年が改まると、本格的に自立に向けて動き出す。

（2）関東大震災後の社会思想・社会運動と新居

一九二四年に入ると、まだ混乱・荒廃の続く都下で、新居は自立の生活を始めた。不安な気持を追い払うことはできなかったが、食うための新聞記者生活に内心忸怩たるものがあったので、結果としてそれを抜け出せたことにほっとするものも感じていた。

ともかく、元来楽観的な面もある新居ではあるが、その何とかなるという気持を支えに、自分一個の才能と努力に頼るしかない思想家、学者、作家の道を手探りするように歩みだす。以後、二五年ほどの後半生は、宮仕えなどはなく、筆一本で、しかし胸を張って歩んでいくことになる。

朝日新聞社などの組織を離れたことで、経済的保障はなくなったが、自由の身となり、社会思想・社会運動や文芸系の活動や団体にも関係していく。自立した直後の一九二四年に穏健な日本フェビアン協会に参加した。安部磯雄、菊池寛、石川三四郎らも参加していた。あわせて、プロレタリア文学関係、特にアナキズム系の組織や運動にも、参加、支援するようになる。

以後、自立の不安を克服するために原稿依頼は原則すべて受けることにし、著書もどんどん刊行する。その頃から一九三〇年代の初めにかけて、『新潮』『改造』『文章倶楽部』『婦人公論』『民衆公論』『反響』『新興』『文芸市場』『王冠』『春秋』『女性』『女性改造』『婦人の国』『解放』『明星』『スバル』『早稲田文学』『エスペラント文芸』『文学時代』『文芸通信』『BOOK MAN』『である』『経済往来』『衣服研究』『エコー』『伝記』『都新聞』、さらに生方敏郎の『ゆうもあ』、加えて『我観』『現代仏教』など多くの雑誌・新聞に評論・エッセーを発表し続ける。

それらの中で目立つのは、『文章倶楽部』と『明星』である。宮仕えから独立以降しばらくはほぼ継続的に執筆する。もっとも『明星』には朝日時代からすでに寄稿しており、新居自身詩も短歌もたしなむので、独立後は『明星』には一層親しみを持って付き合っていた。さらに大正末からは『新潮』にも継続的に寄稿する。その後の『新潮評論』『書物新潮』にも筆を執る。同じく新潮社から創刊される『文学時代』（一九二九年五月創刊）にも、創刊号からよく筆を執る。その後の時代にも言えるが、新居は創刊号によく声をかけられている。それだけ売れっ子に近い位置にいたと言えよう。なお『現代仏教』は高楠順次郎が主筆の宗教系機関誌であったが、加藤一夫もよく寄稿したし、辻潤なども筆を執っている。

なお、『明星』とのつながりから、新居は与謝野晶子が関係していた西村伊作の文化学院で非常勤講師として教えることになる（なお上笙一郎の『文化学院児童文学史稿』［社会思想社、平成一二年］には新居に関する記述はない）。また鉄幹の逝去に際しては葬儀（一九三五年）で弔辞を読むほどになる。

また、発表した論稿がまとまると、著書も次から次へ出版する。『近代心の解剖』（至上社、一九二五年）、『季節の登場者』（人文会、一九二七年）が比較的早い方の著書である。

その頃の著書では、山崎今朝弥の解放社が企画した解放群書第一号として一九二六年三月に刊行された創作集『月夜の喫煙』が注目される。簡易な表紙で二三五頁の気軽に手にできる造りである。本人は「私は作家ではない」（同書の「作者の言葉」）と言い、また『鳥』一篇が解放戦線に立つ読者の好みになるかも知れない以外は恐らく侮蔑を買ふかも知れない」（同上）と、左翼系からの評価を気にすることも言っている。

なお同書は一九三五年七月に至り、後閑林平の提案で和田操の不二屋書房から再刊される。今度は函入りで表紙もしっかりした厚紙を使用したものである。ただし、組み方・頁は解放社版と同じで、今日で言えば復刻版であるが、解放社版の組版を利用させてもらったのではないかと推察できる。

新居は、この山崎との付き合いで、収集していた幸徳秋水の著作の出版を山崎に提案、相談する。山崎は快諾し、四六『解放』および解放群書で秋水特集を組む。さらにはそれらがまとまると、六巻からなる最初の秋水全集の刊行も実現する。陰でそれに貢献したのが実は新居であった。

この一九二〇年代の半ば頃から、新居は衰退するアナキズム陣営の先頭に立ってアナキズム系機関紙誌にはよく協力する。青年アナキスト中心の『バクーニン全集』（近代評論社）はじめ、『社会問題講座』（新潮社、一九二七年）、『社会思想全集』（平凡社、一九二八年、吉野作造、安部磯雄、堺利彦、石川三四郎と共に全集の案内目録に推薦文を書いている）、『新興文学全集』（平凡社、一九二九年）などにも協力し、自ら執筆や翻訳を行うこともあった。

関係したアナキズム系の機関誌には、『北極星』『黒旗』（新聞版）『文芸批評』『リベルテール』『悪い仲間』『文芸ビルデング』『矛盾』『社会理想』『社会理想リーフレット』『解放戦線』（後藤学三編輯・発行の第一次ではなく、山田眞一編輯・発行の方）『黒色戦線』『みどり』『ディナミック』『自由を我等に』などがある。『自由を我等に』は若い遠藤斌、川合仁、長谷川進らが担ったものであるが、新居は編集責任者に祭り上げられ、それを引き受けている。

このように、新居は加藤一夫、小川未明、石川三四郎と共に、大杉栄亡き後のアナキズム系の中心の位置につく。特に未明と共に、内部対立したり、小集団化したりするアナキズム系では、敵が少なく、どの派からも受け入れられたので、執筆が目立っていく。時々自らもアナキストであることを公言することもした。

もっとも「一人の極めて平凡なアナキスト」「平凡で根気のないアナキスト」（新居格「平凡なアナキストの願ひ」『悪い仲間』一九二七年十一月）などとわざと卑下するかのように普通さ・平凡さを強調する言い方をする。それは「運動に於いてアナキズムが大衆的でなければならない」（同上）という信念につながるものであった。

とはいえ、新居のアナキズムに対する信念は堅固なものであった。弾圧が厳しい中にも、くり返し自らアナキストと言い、譲らなかったことにもその点はうかがえよう。

例えば、彼は「アナキズムは権力と権威の否定から出発する」、ただし「文芸上の一切の否定主義なるダダイズムと混同すべきではない」と言う。そしてアナキズムは「民衆的である」こと、それ故に「卑劣な色彩だけは帯びない」こと、「だまし打、暗打などは排撃したい、同志に対する信頼の鞏固さのみがつなぐ」ことを訴えている（以上の引用は新居格「アナキストの心理」『黒旗』第二号、一九二六年一月）。

著書・論文・翻訳にも、『アナキズム芸術論―新芸術論システム―』（天人社、一九三〇年）などアナキズム関係のものも結構あるが、同書でも「わたしはアナキストとして」とか、「ただひとりのアナキストとして」芸術の所論を展開することを記している。

一九二〇年代後半から、協同組合運動にも関わるようになった。協同組合は一人一人の自由発意に基づいて組織・運営されるもので、株式・株主に代わって組合員が対等に協力しあって参加し、みんなの生活を守ろうとする点で、新居自身の思想・理念に合致するものであった。それだけに、アナキズム陣営からは石川三四郎、加藤一夫らも協同組合に関心を示し、くり返し協同組合論を展開している。

新居は、一九二六年には西郊共働社の創設に関わり、初代組合長に就任する。奥むめおも共感し、その組合に参加してくれた。それを継ぐ城西消費組合の組合長も引き受ける。協同組合運動の盛り上がりを反映する協同組合運動社の『協同組合運動』の創刊（一九二八年四月）にも協力する。

さらに、一九三〇年には、協同組合に関するパンフレットを二冊刊行している。『消費組合と無政府主義』（共働運動研究会、一九三〇年）と石川三四郎との共訳『消費組合の基礎と目的』（V・トトミアンツ、シャルル・ジイド原著、共働運動研究会、一九三〇年）である。

なお、この頃、協同組合の先駆者とも言われる岡本利吉と交流があり、岡本の農村青年共働学校（静岡県駿東郡富岡村）に講師として参加していることも留意されてよい。

一九三〇年代に入っても、相変わらずいろいろの雑誌から執筆依頼が来る。この頃、都下武蔵境の畑の中の一軒家を借り、仕事場にしたことがある（新居格「序文」佐藤史郎『詩集影』文芸タイムス社出版部、一九三三年）。ただ、次第に市井の大小様々な出来事にやさしく、時には鋭く観察の目を向けるようになるのが注意を引いた。特に市井の庶民の暮らし、表や裏の通りで展開される子どもや大人の日常の、あるいは些細な動きや出来事に対して、科学や哲学の目を向ける観察とも、遊びや趣味ともとれることに力を入れる。

新居によれば、科学や哲学は科学者・哲学者の専用・占有ではない。普通の市民も、日頃見ていること、頻繁に体験することでも、市民の日常の視点にちょっと工夫して科学や哲学の視点を加えて観察すれば、科学や哲学の世界に入れる。日々の、また日常の動きや出来事を注意深く観察すれば、科学者や哲学者に引けを取らない新しいこと、珍しいことも発見できると考えていたのである。

そのような新居の生き方を、私はかつて「街の生活者」と呼んだことがある（小松隆二「新居格―街の生活者」生活研究同人会編『近代日本の生活研究―庶民生活を刻みとめた人々』光生館、一九八二年）。そこには、後ろ向きの時代状況が強まる準戦時に向かう時流に飲み込まれまいとする新居の自己防衛策の一面もうかがえる。自分らしく生きるために、自分に合った生き方を工夫する、いい意味での賢さが見えるのである。

(3) 準戦時、さらに戦時下の生き方とささやかな抵抗

新居は、昭和の進行と共に、街の生活者的な、また街の哲学者的な思考・執筆傾向を強めていく。特に一九三一年の満州事変以降になると、右傾化・国家主義化が強まる中で、著書では『街の抛物線』（一九三一年）、『生活の錆』（一九三三年）、『女性点描』（一九三四年）、『生活の窓ひらく』（一九三六年）、『街の哲学』（一九四〇年）、『野雀は語る』（一九四一年）、『心のひびき』（一九四二年）、『新しき倫理』（一九四二年）、『心の日曜日』（一九四三年）など準戦時・戦時下とは思えない庶民的で穏やかなタイトルの著書を出す。標題からは戦争・戦時色などは

全く感じとれない。それが新居の意図したところでもあった。

ちょっと変わったところでは、慶應義塾大学の『予科会雑誌』の随筆選者の仕事も引き受けていることが忘れられない。学生の投稿する随筆を選考する仕事である。

一九三〇年代の中ごろ以降は、アナキズム関係の機関紙誌の発行は難しくなるが、ぎりぎりまで新居は協力した。先に紹介した一九三三年の『自由を我等に』が、新居が責任者として関係するアナキズム誌の最後になってしまう。

また時代の逆流の中で、まちや暮らしや季節の移り変わりなど日常の生活に関する論考、芸術や映画など娯楽や文化に関する論考が増えるのも留意されてよい。『戦争と文化』（一九四一年）も刊行される。それは準戦時・戦時下に自分を守るための工夫でもあった。生活のためにも、自分の生き方のためにも、文筆活動を続けたい。しかし、時流に乗りすぎ、戦争協力一方で自分を見失うことはしたくない。そういった意思が明快にうかがえる執筆態度・姿勢であった。戦前最後の著作となる『心の日曜日』などは、「月月火水木金金」と土曜も日曜もなく、自分を犠牲にしても休みなく働き、国・戦争に奉仕するあり方の御上の指導ぶりを皮肉るように、せめて心にだけでも日曜日を持とうという半ば時代に抵抗する心地よいタイトル・姿勢なのである。

同時に、自身と家族の生活のこともあり、印税で収入を当てにできるアンドレ・マロウ『民国大動乱—熱風—』（一九三〇年）、ゴーリキー・マキシム『四〇年』（一九三〇年）、パール・バック『大地』（一九三五年）、同『息子達』（一九三六年）、同『ありのままの貴女』（一九四〇年)、M・ローリングス『イアリング』(一九三九、一九四一年)、他にクリストフワー・モーリ『青春の記録』(一九四〇年)、レイモント・スタニスラウ『農民』(一九四一年)のような文芸作品などの翻訳も増えていく。しかも相当のスピードで翻訳、出版を行っていく。

ただし、第一書房の『大地』では、版権・印税問題で告訴される事件にまきこまれたが、山崎今朝弥が弁護人となり、新居の主張が認められる結果になった。

しかるに、戦時体制の進行と共に、新居にとっては執筆の機会が明らかに減っていく。それでも、戦時体制と殊更対立・対抗するのは避けて、戦争遂行の体制に寄り沿う姿勢は示しつつ、しかし譲らず守るべきは守る姿勢で臨んだ。そのため、他の作家や評論家に比べて、戦争協力の色は薄く、ぎりぎり一九四三年初めまでは自分のペースで執筆することができた。その点は多くの作家や評論家とも違っていた。可能な限り戦争協力を避け続けたものの、最後は戦争体制に少しずつ巻き込まれる従兄弟の賀川豊彦に近かった。

一九三五年以降では、『改造』『アラベスク』『シャリヴァリ』『月刊文章』『新潮』『蝋人形』『学芸』『文芸情報』『婦人日本』『生活』『科学ペン』『温泉』などに寄稿している。佐々木邦の『ユーモアグラフ』に時事問題などで筆を執っているのも、その頃である。

この時期の論説で新居らしいものに、「自由・不自由」(『科学ペン』第六巻四号、一九四一年四月)がある。モノが自由に言えない時代に、あえて自由論など厄介なテーマを取り上げるのも新居らしい。自由が抑制され、たしかに「言論が不自由で窮屈だといふ。それはそうかもしれない。」と言いつつ、自由というものは当局が上から抑えようとしても、完全に抑えきれるものではない。ただ、抑圧とまともにぶっつかっても無理なので、工夫する必要がある。彼らしく「空想の自由はいつだってある」と皮肉を皮肉と見せないでまじめそうに論ずる。「心の日曜日」と同じ発想・手法である。

その論の最後は、「新しい自由を、新しい照射に於て考えるのが、今日の問題ではないだろうか」と自由論をもっともらしく、しかし当局から見たら、分かったような分からないような曖昧な説明・形で戦時下における自由について論じ、締めくくっている。この一篇は、そうは見せないで、実は論全体が戦時下の自由の抑制・抑圧に不満・皮肉を展開する内容と言ってよいものである。

同じ頃、比較的長く継続的に執筆した機関紙に、川合仁が社長を務める『日本学芸新聞』がある。川合は啓明会の『文化運動』の編集や農民自治会の創設にも関わった一人である。彼の学芸新聞社は、地方紙や小新聞に小説はじめ、文芸ものを配信する会社であった。機関紙『日本学芸新聞』は一九三五年十一月の創刊である。その創刊から、しばらくの間、新居はほぼ継続的に筆をとっている。石川三四郎、壺井繁治らも執筆している。いずれも川合との親交に基づくものである。

同紙では、特に新居が得意の新造語を駆使して「政治の科学性」や「民族社会主義」などについて発言していることが留意されてよい。民族社会主義と言っても、右翼的・国家主義的なもの、具体的なものではなく、「民族」のような時流に合わせた用語を用いてはいるが、個人主義を認めた上で、豊かな国・強い国とそうでない国の調和などを考えたものである。

それにしても、新居は、戦局が悪化する中にも、戦争や時流に完全に同化するのではなく、辛抱強く心の中でささやかに抵抗する気持をさりげなく表現し続けた。例えば「戦争の春でも、花は咲く。ただ、われわれはその花にたいしても観賞に多少の気兼がするだけだ。しかし、美しい花を見ても、それを美しくないと思ふほど心を硬化させては不可いのではないか。やさしいものこそ、強いこころでもあるからである。」（新居格『心のひびき』四頁、道統社、一九四二年）といった表現が目立つのもその例である。

一九四二年以降も執筆できた雑誌は、『旅』『ホームグラフ』『婦人日本』『台湾公論』などであったが、新居が新居流の調子で自由に書かせてもらえる雑誌は極端に減っていく。それを見越して、いよいよ身の安全のためにも空襲にさらされる東京から脱出することを考えざるを得なくなっていく。

一九四三年には、途中から執筆も講演も止め、伊豆長岡の宗光寺に移り住む。幼馴染の友人・天羽英二の紹介であった。もはや既刊本の印税以外、新規の収入は期待できなくなった。しかも、その本も戦時下に購入するものがどんどん減っていくので、ますます節倹に努めざるをえなくなっていく。晴耕雨読、そして近隣の村民に支えられる毎日であった。

そこに、長男・俊一の戦死という辛い出来事が追い打ちをかけるように降りかかってきた。一九一〇年生まれの三四歳で、まさにこれからという時であった。戦争という市民には何の益もない人間が殺し合う不幸な出来事は、多くの市民に多くの不幸をもたらした。新居にとっても例外ではなかったのである。

（4）戦後の短い期間の最後の大活躍

伊豆に引きこもって二年経過した一九四五年八月、戦争が終わった。

戦後、多くの評論家、作家らが戦争協力の故に直ちには表に出られなかったり、追放にあったりする中、新居は戦後すぐに復活できた。原稿依頼も、終戦直後からやってきた。『光』『生活文化』『科学の友』『世界文化』『太平』『新樹』『東西』『蛍雪時代』『大衆文芸』『創建』『大地』等が早いほうであった。引き続き『女性公論』『自由文化』『人物評論』『傳記』『朝』『婦人朝日』『レポート別冊』『塔』『人間』『民主文化』『芸苑』等に執筆する。特に『生活文化』には一九四六年一月の創刊号以来、しばらくほぼ毎号執筆や座談会に参加した。

戦後、新居は組織的、社会的活動に目立って関わりだす。明らかに戦前のあり方を修正するかのように、また新しい時代を認識するように、自分を超えてみんなで協力しながら取り組む活動に精を出す。そこには新しい時代のリーダーの一面もうかがわせた。

まず協同組合運動、ついで日本文芸家協会と日本ペンクラブ、さらに区政参加などの取り組みへと続く。その他、戦前と違う自由を謳歌するように公益性の高い団体の役職に就いたり、全国各地に講演・講義で動き回ったりもする。

しかも、この戦後すぐの期間に、著書・翻訳も相次いで刊行する。早いものでは、『人間復興』『新女性教養読本』（編著）を先頭に、『民主的な理想農村』『心の暦日』『市井人の哲学』と続く。その後、カール・フリードリッヒ『未来の旗』（一九四八年）、パール・バック『龍子』（一九五〇年）、『大地』（一九五三年）などの翻訳の再刊・新刊も続く。

このように、戦後わずか五年ほどであったが、生き急ぐように、あれにもこれにも挑戦するが、その直後に生涯を閉じることになった。

まず、一九四六年に「米よこせ」運動の食糧メーデーが開かれるほど貧窮や不安定の中に置かれた庶民の暮しを前に、協同組合運動を再開する。一九四六年に改めて城西消費組合を結成する。同組合は産業組合法に則る購買組合で、東京都西部生協連合会に加盟するが、その会長には新居が就任した。

なお、この消費組合には、戦前底辺の女性救済など独特のアナキズム運動を展開し、機関誌『自由』を長く発行し続けた柳沢善衛も参加、下働きをする。戦後の混迷の中で、柳沢は体調が良くない上、仕事がなく困っていたところ、たまたま再会した旧知の新居に消費組合運動に誘われるが、それに応じて協力することになったものである。

ついで日本文芸家協会の活動であるが、同協会は一九四五年一〇月に再興発起人会を文芸春秋社において開催する。菊池寛、中野重治、宮本百合子ら一一名が参加するが、新居もその一人に入っていた。次いで一二月四日に創立総会を開催する。そこで会長に菊池寛、新居は佐々木茂索と共に監事に選出される。

それを追うように、一九四七年二月一二日に、日本ペンクラブが二つの再建の動きを一本化し、再建大会を東京・有楽町のレストラン・リッツにおいて開催する。大会には一〇〇名ほどの会員が出席（会員は五月には三五〇名に達する）、まず再建に尽力した新居が代表して開会の挨拶を行う。意外に長い挨拶で、戦前の反省、外国の動向、さらに協同組合や労働組合の動きにも言及し、「わたしは最後に、こんどこそ日本ペンクラブは、ペン・クラブとしての立場と良心と意思とをもつであらうと思つてゐる。」（新居格「挨拶」『会報』第一号、日本ペン・クラブ、一九四七年五月。なお日本ペンクラブは、創立当初は〈日本ペン・クラブ〉と綴っていた。ただし、新居はその頃から〈ペンクラブ〉と〈ペン・クラブ〉の両方を使っていた）と結んでいる。

そこで、会長に志賀直哉、名誉会長に正宗白鳥（四月二六日の第三回幹事会で推薦）、幹事長に豊島与志雄が選出された。新居は幹事および評議員に、後にはユネスコ対策委員にも就任する。もっとも、新居はこの頃から杉並区長選に動き出し、当選となるので、ペンクラブの仕事は、最初のみで、後は控えざるを得なくなっていく。

これに続いたのが、以前からの協同組合運動に加えて、区長、日本ユネスコ協会、聖ガンジー協会などで、それぞれの代表、役員を引き受けた。

その中で、特に忘れられないのは、杉並区長選への立候補と当選であった。政治や行政では、小地域とその民主化こそ大切で、国や都道府県以前に、村や区を基礎とすること、それを土台にしてこそ、良い社会・良い国になることを訴えた。具体的に荒廃した杉並を図書館、文化会館、劇場、子どもの町、街路樹のある広い道路、牧場、果樹園などの建設、整備、充実などによって、文化と自然のあふれるワイマールのような（本書一五五頁他）地域にすること、政治・行政を区民・市民本位に行うことを当然のあり方として訴えた。

その結果、政治・行政に素人の新居が、戦後すぐの改革や新しさを求める区民の共感を得て、公選区長の第一号として当選した。

当選すると、新居は言行一致を旨とし、区長として区民本位の施政を徹底させようとした。議員・政治家、そして役人には、区民の供応・サービス等を一切受けないこと、税金でタダ酒を飲まないことなどを要求、自らもお茶さえ断るほど、率先実行・実施する。もっとも、区議会議員が多すぎるので削減すること、公私の区別、形式主義の排除などは議会にも役所にも受け入れられなかった。

そんな具合で、新居の姿勢・実践に対して立ちはだかるのは政治家であり、役人であった。税金の無駄遣いの排除、議員定数の削減、議員を上にみる形式や上下関係へのこだわりの排除など、何度も彼らと議場や職場で衝突した。あまりに理不尽な政治や行政の現場に、我慢がならないこともあった。そんな愛想尽かしと共に、病み疲れた自身の健康もあって、区長に当選して一年を経過した翌一九四八年四月に、ついに新居は区長を辞任した。

この区政・区長への挑戦は、新居にとっては一大勝負であった。大袈裟になるが、勝ち負けよりも真実の生き方・信念・信条をかける決戦であった。立候補など馬鹿なことはしない方がいい、と知友から諭されようと、引かなかった。「区議会にして学識識見にすぐれ、人間思想を高さ、深さにおいて十分に具備してゐる議員が多く集まつてゐるならば、それは国会よりもすぐれた存在となることはいふまでもない……。正義と人類愛と理想とをつよく志向するものが小地域の民主化に挺身しないから、利己主義と俗情の跳梁を許すことになるのだ。さうした怠慢こそ民主主義を裏切るものでなくてなんであらう」（新居格『市井人の哲学』五七頁、清流社、一九四七年）。こんな意気込みであった。

区長辞任後も、病魔と闘いながらも執筆、翻訳、講演・講義、大学での教育、協同組合運動などに関わった。しかし長年の無理もたたり、一九五一年十一月一五日に脳溢血で永眠した。享年六三であった。

死後には、文筆活動のみでも膨大な量の著作が遺されていた。それにしても、六三歳というのは、当時でも惜しまれる年齢であった。今は、新居は誕生の地で、母校の小学校のある撫養の斎田、子どもの頃級友たちと遊んだ淡路島を望む岡崎の砂浜など、懐かしい思い出の多い郷里の墓に静かに永眠している。

三　新居格の足跡・業績

（1）新居の業績—その①

新居は膨大な量の著作を中心に、多くの業績・足跡を残している。そのほとんどは文筆・著作活動を通して生み出されたものである。中には地方自治論やまちづくり論のように、区政・まちづくりの実践活動から、あるいは実践活動と共に生み出されたものもある。すでに上記にそのいくつかは紹介した。

以下に、改めて業績あるいは顕著な特徴ということで、彼が多岐に渡って残したものをくり返しもいとわず、整理してみよう。

第一に、まちの、裏通りの、長屋の、いわば普通の市民の普通の暮らし・出来事を市民の目で見、それらを享受し、表現する「街の生活者」であった点がある。

彼は新聞記者、評論家、作家、翻訳家、思想家、研究者、政治家などいろいろの側面をもっていたが、いずれもインテリゲンチャと見られる仕事である。しかし、戦前にあっては、新聞記者でも、文筆家でも、翻訳家でも、収入はそう大きなものではなかった。自分の仕事に必要な本だって思う存分買うなどということは夢の話であった。飲む付き合いを全て受けていたら、すぐに経済的にはピンチになった。お金がなくて飲み会に付き合えないこともあったし、借金もしばしばであった。

そんな現実に、外見をインテリなどと飾るよりも、まちの普通の人と同じ生活者の視点で物事を見、考え、道筋も考えるようにしていた。新居は庶民・普通の市民に相応しい普通さ・平凡も、また生活という用語も大好きで、よく使いもした。

第二に、科学や哲学の日常化・市民化への努力・貢献がある。新居は、科学や哲学が科学者や哲学者の専有で、市民には無縁のものという認識を超えていた。科学や哲学には高度で手の届かぬものもあるが、市民生活の中にも科学や哲学があり、基本的には市民のもの、みんなのものであり、日常的なものという認識であった。彼は、日常のこと、ありふれたことでも新しい視点、新しい目で観察すれば、誰でもまちの科学者・哲学者として新しい観察、解釈、新しい位置付け・理論付けができるとして、科学や哲学を身近に引き寄せることを教えたのである。

彼の考える街の哲学者・科学者は、上記「街の生活者」の延長といってよい視点・方法である。

第三に、新しい発想・表現の新語づくり・造語がうまかったことがある。確かに、新居は新しい動向、現象、運動などをその大事な点・本質を的確に読み取り、それを浮き彫りにするような表現で、新語やキャッチフレーズを作る才能があった。「左傾」「左傾思潮」「モダン・ガール」「モボ・モガ」「ブロークン・レディ」「輿論結婚」「民族社会主義」、あるいは「スタンプマシン」（区長など首長の役割）「文化は道路から」などである。

それに著書のタイトルの命名もうまかった。大袈裟ではなく、また決してケバケバしくなく、むしろ身近で普通なのである。それでいて時代を超えて新しく、さわやかな感覚・印象、さりげない落ち着きを与えてくれるのである。『月夜の喫煙』『季節の登場者』『街の抛物線』『生活の錆』『女性点描』『風に流れる』『生活の窓ひらく』『街の哲学』『心のひびき』『心の日曜日』『心の暦日』『市井人の哲学』などである。

第四に、自然の動きや情景、また物事や現象の観察を色で表現することにも秀でていた点がある。実際に、新居は自然、情景、物事の認識・受容の方法・表現として色を効果的に使って文章化する。色に敏感で、色で情景、対象、物事を表現することが、作為や無理にではなく、自然に行われている。彼自身わざわざ色で説明する努力をしているのではなく、文章の流れが自然に色を浮き彫りにするように表現されるのである。

例えば、本書から引いても、「文化は雪の如く白し」（本書一一〇頁）、「すみずみまで近代的舗装路が白く流れて」（同上、一〇九頁）などがある。

少し長い文章を引くと、解放群書の最初の著作で短編を集めた『月夜の喫煙』の一篇「午後四時」の書き出しは、次の通りである。「青い青い海のいろだつた。晴れた日の太陽の光線がその海の水を照射してゐたので、透き通るやうに、綺麗な青玉石（サファイア）の色であつた。そこはどこであるのか、さつぱり見当がつかなかつたがそのなかで乳色の肌をした裸形の女性達が泳いでゐた。」（新居格『月夜の喫煙』一三九頁、解放社、一九二六年）。

また「小野塚博士の小日向台町の邸宅は、如何にも学者の住居らしい清白さをもつてゐた。その玄関脇の応接間の窓掛は爽やかな淡色であつた、そして椅子、ソファ、テーブルは雪白の卓布で蔽はれてゐた。」（新居格『心の日曜日』二一六頁、大京堂、一九四三年）なども色をよく活かした例である。

もう一つ、「プロレタリア階級の著作目録の第一巻とは憎悪の哲学を確立することである、だが、これまでの思想や評論のどれに毒々しいほどの憎悪の黒い色彩があつたか。」（新居格「断面」『民衆の意志』第二号、一九二二年一二月）も、その例である。

著書のタイトルにまで『近代明色』などというものがあるほどである。

第五に、まちづくり、それも文化・自然の溢れるまちづくりを訴え、実践しようとしたことがある。その新居のまちづくりの発想、提言、運動は、現在のまちづくりに大きく先駆するものであった。

近年でも、市町村長など首長は選挙の際に、自らの描く一〇年後、二〇年後、さらには五〇年後のまち・まちづくりを構想し、訴える必要があるのに、そのように将来構想や責任を明示する例はめったにない。しかるに、新居は杉並区長選挙では図書館、文化会館、劇場、子どもの町、牧場、果樹園、街路樹のある広い道路などで整備された文化・自然のあふれるまち・杉並を具体的に訴えた。それは戦後すぐの廃墟と混沌の中に置かれていた杉並区民に夢と希望を与えるものであった。

もし戦後すぐに、街路時も歩道もある広い道路などを整備できていたら、杉並はまちづくりの先駆地域として大きく変わっていたはずである。

新居は自然も樹木も大好きであった。私の「愛するものは樹木」と言っているように、街路樹のある広い道路（本書一〇六頁）が、新居の構想通り実現していたら、杉並を発火点に日本の道路づくり・まちづくりは大きく変わっていたのに、惜しいことをしたものである。

第六に、政治や行政を考える場合、自治の単位として村や区を重視したこと、そしてその主役は市民であると考えていたことがある。自治を主張するだけではなく、それを政治や行政の用具から、一人一人の市民の手に返すことを訴えていたのである。自治とは、たんに権限・主役を国から都道府県に、さらに市町村に移すだけでは意味がない。その権限・主役を市民に返すことに意味がある。権限の所在を移すだけでは、市民にとっては何も変わらないのである。一般的には、国・都道府県など、より大きな広がりを上に見、重視しがちであるが、新居は国や都道府県よりも、村や区を重視した。村や区こそ最も大切な単位・広がりと見た。最小単位で、市民が実際に生活する村や区が良くならなければ、また市民が主役となるほどに民主化しなければ、国も都道府県も、市民の暮らしも良くはならないと考えていた。

実際に、議員など選挙の話では、新居には参議院議員や知事への出馬の要請も来たが、彼は相手にしなかった。大臣よりも村長が大事であり、出馬するなら村・区しか考えられなかった。そこに、徹底した市民本位の民主化の実現、そして理想・夢のあるまちづくりを構想していたことがうかがえよう。

新居の土台・基底にあるアナキズムは、権力の拒否と個の尊重を基本とする。それを出発点にする地方自治論であり、地方行政論であった。彼の言う民主化とは、まさにこの権力・権威の排除と個の尊重が徹底して実現した市民本位・市民が主役の社会のことである。それほどに強い信念に基づく最小単位の尊重と民主化の位置づけなのである。

第七に、協同組合に大いに期待し、戦前・戦後ともその実践にも関わったことがある。協同組合は一人一人の組合員を尊重し対等に扱うことや営利本位でないことで、新居の理念にあっていた。昭和初期と戦後すぐに協同組合の結成に関わり、理事長などの要職も任せられている。まだ労働者や市民の生活条件も低劣で、現在に比べて、協同組合に期待するところも大であった。協同組合には、新居が理論面のみでなく、実践にも関わり、運営・経営の苦労も組合員と共に味わった。そこに新居の生き方、協同組合への関心の強さがうかがえよう。同時にそこに、彼はたんなる文筆家や観念・理念のみの思想家で通したのではなく、現場や実践に運動家・実践家として関わろうとした姿勢もよくうかがえよう。

（2）新居の業績—その②

第八に、大杉栄亡きあとのアナキズム陣営の運動・機関紙誌を支える役割を、小川未明、加藤一夫、石川三四郎らと共に演じたことがある。『労働週報』『原始』『黒旗』（新聞版）『文芸批評』『悪い仲間』『文芸ビルデング』『矛盾』『社会理想』『黒色文芸』『リベルテール』『みどり』『黒色戦線』『自由を我等に』等に執筆・協力しているように、請われればアナキズム系の機関紙誌にも筆を執って協力した。

特に一九三三年という難しい時代に刊行された『自由を我等に』では、表紙にも「新居格編輯」が打ち出されたように、全面的に協力している。またクロポトキン全集やバクーニン全集でも、よく協力した。特にバクーニン全集は、若いアナキストたちが企画し、翻訳して、世に送り出したものである。若者たちは新居を使うことで、出版社に資金を出してもらい、原稿料を稼ぎ、また官憲には新居を弾圧の防波堤に使ったのである。

第九に、アナキズムの大衆化・日常化に寄与したことがある。穏やかで視野の広い新居がアナキストを名乗り、アナキズムに関することを書くこと、また日常の事象・現象にもアナキズムの視点で目を向けることで、アナキズムを身近に、普通のことと受け止めさせる役割を果たすことになった。

アナキズムというと、危険なもの、普通の人は近づけないものという印象を与えることもあったが、東大教授の河合栄治郎や和辻哲郎とは同期であり、小野塚喜平次や吉野作造らは恩師であった。また賀川豊彦とは従兄弟の近しい関係にあった。そんな広いつながりや視野に立つ新居の引きつけられる思想が、アナキズムなのだと印象づける意味・役割は小さくなかった。

また、新居はアナキズムを固定した枠の中でしか考えないのではなく、その枠を解き放ち、自由に考えるようにした。従来のアナキズムでは否定される政治にも選挙にも挑戦してみた。新居自身アナキスト、それも「平凡なアナキスト」を自称しつつ、また時には自他共にサロン・アナキストを認めつつ、アナキスト・アナキズムを超えていたのである。

実は『区長日記』こそ、新居のアナキズム論・自由人論として、新居的なアナキズムの発想や認識や主張が満載されたものなのである。

そんな多様・多彩なつながり・付き合いを持ち、自由に発想し、行動する新居が自然に普通の姿勢でアナキズムを受け入れ、主張することが、読者、ひいては市民にアナキズムを思ったより広く柔軟なもの、あるいは近づきやすいものといった印象を与えることに役立ったのである。

第一〇に、女性の社会参加と対等の活躍の擁護者であったことがある。戦前はまだまだ女性が対等に扱われない時代なので、一方で女性の女らしさ、あり方、生き方を説き、他方で自立・自覚、科学性・科学的認識も訴えている。『女性点描』(一九三四年)、『新女大学』(一九四三年)の著書もあるが、いずれも、右傾化・国家主義化が進んでからである。

新居の周辺には、小川未明はもちろん、賀川豊彦、加藤一夫、沖野岩三郎、あるいは土田杏村、吉田弦二郎らのように童話や童話論を描くなど、子ども、特に児童文学に対して強い関心を示すものが多く、流行とも言える状態であった。ところが、新居は子ども(論)についても筆を取ってはいるが、そう多くない。その分、女性に関心を向けた。

戦後になると、すぐに『新女性教養読本』（編著、協和出版社、一九四六年）を出すが、いきなり「起てよ、黎明期の女性。いたましい冬は過ぎ、栄光の春は来た。今こそ日本の女性達は、真理と愛の世界に向かって勇敢に飛びたたねばならぬ」（同上、三頁）と叫ぶほどに訴えた。すぐにフェミニズムも論じ、他人からはお前はフェミニストだと言われることもあった。フェミニストは「人間が好きだといふ感情」を根底にもっていること、同時に民主主義を徹底して認めることが条件と言っている（新居格「フェミニスト論」『市井人の哲学』一〇五頁、清流社、一九四七年）。ふだんから女性や若者が新居の周辺に集まることも多くなっていく。

第一一に、より具体的な貢献になるが、新居が幸徳秋水の著作集と最初の全集の刊行の土台づくりを行ったことがある。戦前に秋水の著作を集めること、それをまとめて刊行することは極めて難しかった、経済的にというよりも、警察・検察等官憲の圧力・弾圧が待ち受けているからである。それに対抗できるのは限られていた。その代表的な人物が弁護士の山崎今朝弥と新居であった。

新居は、一九二五、二六年頃には、評論家・思想家としては少しずつ売れだしてはいたが、まだ単独で秋水の著作集を刊行する力はなかった。そこで相談したのが、山崎であった。ちょうど山崎は四六『解放』の創刊や解放群書の発行を計画・準備しているときであった。山崎は解放群書の方の第一号に新居の創作集をあてた。『解放』の方は創刊号を「秋水文集号」とし、秋水を特集した。

かくして解放社の機関誌四六『解放』（一九二六年八月）と群書（一九二六年三月）の第一号は、

いずれも新居が関わり、貢献することになった。その後、山崎は、新居の努力に感謝し、秋水の著作をまとめて「文集」「書簡集」「茶説集」など六冊に分けて雑誌と群書に組み込む。

予想通り、秋水の著作集はどの巻も発禁、改訂の連続であった。それでも六冊すべてを発行に漕ぎつけているのは、さすがは山崎である。さらに、いったんバラバラにであれ、発行が認められたところで、山崎は雑誌と群書の残部を使い、六巻の幸徳全集として宣伝し、発行する。最初は、表紙が揃わない区々の全集ないしは準備的全集とし、次には全六巻で表紙も全集らしく整えて刊行する。これが日本における秋水の最初の整った全集であった。

その全集については、山崎も、基になる秋水の著作を集めた新居の労を多とし、記録に書き残している。山崎は四六『解放』創刊号の「幸徳秋水文集号」の「発刊之辞」に、次のように言う。「秋水随筆号は数年前？に随筆社？（当時）の新居格君に依て企てられ同じく中止となつてゐたもので、本年二月解放社が本邦唯一の群書発行を企んだ時コレハどうかと持込んだものである」。新居なしには解放社版秋水特集、ひいては戦前版『秋水全集』が陽の目を見ることはなかったのである。

最後になるが、第一二に、新居は新しい時代の新しいタイプのリーダー像を自ら示したことがある。新居は「普通の人間」「凡人」を名乗ったように、リーダーとは遠い人のように見えた。ところが、いつの間にか、いろいろの所でトップやそれに継ぐ地位に就いた。それで威張るわけでも、地位を利用や誇示するわけでもない。それが自然に様になり、十分に役割も果たすのである。決して名前だけのトップではなく、実行・責任も果たすトップ、ないしはそれに準ずる地位に収まるのである。生協運動しかり、区長しかり、日本ペンクラブしかりである。その他多くの公益団体のトップにも収まっている。その辺がアナキストを超えたアナキストの評価が付与される由縁でもあった。

四　おわりに

新居は早熟であった。読売新聞と共に明治の平民新聞類を購読したのは、徳島の中学時代であり、社会主義者になろうと早すぎる決意をしたのも中学時代であった。さらに、結婚したのも中学時代であった。その早熟という点では、相馬御風や小川未明ら若くしてアナキズムに触れた文人たちに似ていた。

また新居は広い視角と多様な関心をもっていた。時々あえてアナキストを自称することもあったが、アナキスト・アナキズムさえ超える自由人、特に権力・権威と独裁を拒否する自由人でもあった。バクーニンだ、クロポトキンだ、大杉だ、と大物の威を借りて威厳を見せつけることもしない。ごく自然体の人で、威張らず気張らず、穏やかに、しかし発言するときは発言し、怒るときは怒る自由人であった。

新居の出立点は、個や小単位・小地域とその尊重・重視であった。全体よりも個、全国よりも小地域が基本で、大切なのであった。人間社会にあっても、全体よりも一人一人の人間の尊厳こそ大切で、一人一人の自由・自立・尊重が保障・実現されて初めて全体・全国も本来の生命を与えられるというのである。

新居を、幸徳秋水や大杉栄と比較するのは難しいが、彼らとは異なる味わい、個性、特徴を持っていた。例えば、市井のこと、まちのこと、裏通りのこと、総じて庶民の暮らしや生き方に注意をはらい、そういったことどもを科学の目、哲学の目を通して眺め直そうとしていた。そういったことは、学者志向の一面も持っていた新居らしいもので、幸徳や大杉にはないものである。

さらに、新居は文章・著作でも、幸徳や大杉のように魅力的な文章、鋭い主張、厳しい批判を多く残しているわけではない。しかし、彼なりに庶民と共にあり、普通さや平凡を大切にする視点・文章・ものの見方は、意外に個性的で、魅力的でもある。実際に、それらの延長で、現代にも生きる文章、活動、足跡もいくつも残している。単なる活字・文章上の主張のみでなく、実践することで今日にも生きる足跡もいくつも確認できるのである。

その新居を比較的早くから評価した一人に、木村毅がいた。新居の創作集が一冊の著書として解放社から発行される直前にも、「誰れか『新居格創作集』を刊行する者はないか、それこそ『初めて眞のモダン・ガールを創造して、文化史的価値の豊富な、画時代的名篇』として広告する事が出来」る（木村毅『文芸東西南北』二六一頁、新潮社、一九二六年）と高く評価し、出版協力を呼びかけたほどであった。

なお昭和も進んでからになるが、新居が『大地』の版権・印税問題の裁判に巻き込まれた時にも、木村は新居を全面的に擁護する。

戦後になっても、新居を評価し、伝記でも書きたいと思う人は何人も出ている。遠藤斌《さかん》氏や秋山清氏もその人たちであった。かくいう私も新居の評伝を書きたいと思っていた一人であった。私なりに新居伝を書きたいと思いつつ、未だに果していない。

そういったなかで、評伝完成を最初に成し遂げたのは和巻耿介氏であった。彼らしい評伝を徳島新聞に連載し、まとまった後にいくつかの新居の文章も添えて一冊の著書にしている。しかし、その後それに続く深い研究は出ていない。

そんな時に、新居の復権を図り、『区長日記』を出版したいという青年が現れた。正直言って驚いた。しかも、新居の多くの著作の中で『区長日記』を選び出したのにも、さらに驚いた。タイトルは一見つまらなそうに見えるが、自由人あるいは普通のアナキストとしての新居が最も良く表現されているのは、『区長日記』であると、私も思いこんでいたからである。

そんな経緯から、新居の復権への若い古屋淳二さんの挑戦に、私も立ち合うことになった。本書が広く読まれることを切に願う次第である。

〈参考文献〉

木村毅『文芸東西南北』新潮社、一九二六年
木村毅「新居格論」『新潮』第二九巻第三号、一九三二年
新居格編『わが青春の日』現代社、一九四七年
新居格『区長日記』「貴重な実験　大宅壮一」「左傾と彼氏　徳川夢声」「区長時代の思い出

中島健蔵「編者あとがき　遠藤斌」所収、学芸通信社、一九五五年
新居好子監修『遺稿　新居格杉並区長日記』「父を語る　新居好子」「新居格先生のこと　大久光」所収、波書房、一九七五年
小松隆二「新居格―街の生活者」生活研究同人会編『近代日本の生活研究―庶民生活を刻みとめた人々』光生館、一九八二年
小松隆二『大正・大震災・自由人』〈第一五回墓前祭の記念講演〉、橘宗一少年の墓碑保存会、一九九〇年
小松隆二「協同組合と日本における足跡―先駆者および先駆的事例を通して」『現代の経済と消費生活―協同組合の視角から―』コープ出版、一九九四年
和巻耿介『評伝　新居格』文治堂書店、一九九一年
小松隆二「新居格」『日本アナキズム運動人名事典』ぱる出版、二〇一四年

〈こまつ　りゅうじ〉

慶應義塾大学名誉教授、白梅学園理事長。

著書に『企業別組合の生成』（御茶ノ水書房）、『理想郷の子供たち―ニュージーランドの児童福祉』、『現代社会政策論』、『ニュージーランド社会誌』、『公益とは何か』、『新潟が生んだ七人の思想家たち』（以上、論創社）、『大正自由人物語―望月桂とその周辺』（岩波書店）ほか多数。

〈エッセイ〉

新居格と「世界の村」のことなど

大澤　正道

「片付けちゃダメだよ」、部屋一杯、本やら雑誌やら書類やらが散らかっているのを見かねて片付けだしたら、入ってきた新居格に怒られたという話を新居と親しかった遠藤斌から聞いたことがある。

他人には散らばっているようにみえても、本人にとってはちゃんと秩序立てられている。だから下手に動かされては無秩序になるというわけ。

新居格というといつも真っ先に遠藤から聞いたこの話が思い出される。ひとにはそれぞれひとの秩序がある、それを尊重しなくてはいけないというのが新居の哲学だったのじゃあるまいか。

敗戦直後の民主化の大波に押され、日本一の文化村をめざして地元の杉並区長になってみたけれど、ここは自分の座る椅子ではないと気付くや、世評なぞは二の次とばかりさっさと降りてしまうところなどもいかにも新居らしい。

わたしが新居と身近くさせていただいたのは「何となく集まる会」あるいは「人間の会」と新居が呼んだ会の末席に列した折である。昭和二十六年の頃だった。この集まりには新居のほか石川三四郎、村松正俊、小牧近江、松尾邦之助らの顔が見えた。

晩年の寂しかった新居を励まし、慰める動機もあって松尾らが発起したともいわれているが、真偽のほどはわからない。

ちょうど朝鮮戦争の最中で、核兵器の絶対禁止などを訴えたストックホルム・アピールの署名運動が話題を呼び、日本でもなんと六百万人、世界では五億人の署名が集まったという。安倍能成、川端康成、徳川夢声、田中絹代等々錚々たる著名人らも署名している。

この署名の力で核兵器の使用は朝鮮戦争で見合わせられることになった、と当時国務長官だったヘンリー・キッシンジャーは回顧しているそうだ。そういう時代だった。

かたや保守系では共産主義に反対して文化の自由を訴えた世界文化自由会議のアピールが行われ、アピール、アピールで賑やかなことだった。

アピール、アピールはいいが、いつも外国からアピールされ、働きかけられるだけではなはだ情けない、ひとつわれわれも世界の文化人にアピールしたらどうだとこの会で提案したのは小牧だった。

それじゃ「世界の村」をアピールしようと賛成したのが新居で、言い出しっぺで趣意書も新居が書くことになった。

以下にその全文を掲げる。

「世紀のかがやける良心であるあなた様に夢を封入したわたし共の挨拶を送ることはうれしいことです。

われわれの前には戦争の悪夢と恐怖の翼が拡がろうとしている。物をいう自由は窒息しようとしています。それだけに考える自由、夢見る自由を一そうつよく把握しなければならぬと存じます。そこでわれわれは『世界の村』のデッサンを描こうとするのです。

世界の人々が、民族、宗教、国境を超越して小さな村の人々の善意と理解と平和と親睦の生活が可能な境地！

『世界の村』の人々はカンパネラが［太陽の都］で描いたように、宗教や性や人種の差別もなく、オネートムであり、コンモンマンの寄り集りで、正直、勤勉、自由と清潔とを標章とする働くことを尚ぶ人々です。そして平和に、幸福に美しい集団の生活をする村であり、また、支配する国も、支配される民族もいない人類の植民地でもあるのです。

国家や民族に未練をのこす秩序は十分なものではありません。でわれわれはコスモポリタンの立場をとります。世界中の心ある人々と精神的なつながりをもつことをわれわれの夢の実現の第一歩と考えたい。なぜなら、個人的な接触と理解とがすべてに先立ちますから。そして地球のどんな隅にいても歌える青天井の歌『世界の村』を作ってこの友情を一そうかためたいと思います。われわれの心からなる友愛のしるしを送り、あなた様の好意あるお返事を待ちのぞみます。」

趣意書ができたよ、というのでわたしたちは有楽町駅前にその頃ずらっと並んでいた喫茶店のひとつ「シミズ」に集まった。

「シミズ」は松尾らとわたしたち戦後派がやっていた「同人」でなく「異人」を気取った「自由クラブ」の溜まり場だった。「なんとなく集まる会」の新居や石川や村松らはいわば自由クラブの顧問格で、わたしたち戦後派をなんとなく応援してくれたのである。

その「シミズ」の狭い椅子に窮屈そうに座って趣意書を読み上げた新居の姿は印象的だった。今でも新居というとその姿が浮かんでくる。

考えてみれば朝鮮戦争の昭和二十年代には必然的に理想社会が実現されるという唯物史観が流行っており、その唯物史観によれば「村」は封建時代の代物とされていた。そんな時代風潮のなかであえて理想郷として「村」を新居が掲げたことは忘れない方がいいと思う。

もっとも新居が唯物史観なぞを意識してあえて「村」を掲げたかどうかは分からない。そもそも唯物史観とか共産主義（マルクス・レーニン・スターリン主義）なぞ、新居の眼中にはなかったようである。

先の「自由クラブ」でわたしたちは『アフランシ』というリーフレットを発行したが、その第一号（昭和二六・四）に「フリードムとリバァチー」という短いエッセイを新居は寄せている。

『デア・モナアト』誌にハアバアート・リードが寄稿した論文「共同社会における文化」の中に面白い記述があったから、それについて一筆する。じつは知らないのは私だけで、多くの人々は知っているかも知れないが、私同様の人たちも皆無ではないと思ったので。

ドイツでは自由をフライハイトといい、フランス人はラ・リベルテという。そのラ・リベルテは、英語のリバチーに相応する。仏独両国では一つの言葉で二つの目的に役立つのだが、イギリスではフリードム、リバチーの二つの言葉があって、同じ意味ではないのだという。私の知らないのはそこだった。しかしリードはいう。「しかし、これら二つの言葉の間になさるべき区別は本質的にわれわれの今日の討議である」と。

彼は次のようにかいている。

「リバチーは秩序的観念である。――わたしはこれをまあ法律的観念、行政法に用いられた一つの表現だといってもよいかも知れない。それは二つの当事者、国家と民衆といった関係を表示するようなものだ。フリードムは文化的観念である」

こういう風にかき出して彼は両語の区別をのべているが、われわれはその区別を今日までハッキリと知らなかったのは迂闊であった。

自由について、日夜、考慮をめぐらしているもののためにかいたのである。」

『デア・モナアト』とあるからおそらくドイツ語の雑誌だろう。どうやって新居がこのドイツ語の雑誌を手に入れたのか、またリードはドイツ語でこの文章を書いたのか、それとも英文の翻訳なのか、いろいろ疑問はあるが、それはさておいて、おそらく新居はリードにいち早く注目していたことは確かだし、フリーダムとリバチーの相違を初めて問題視した戦後の日本人だったこともたぶん間違いないだろう。

わたしも新居の驥尾に付してリードの論議に学びながらこの問題についてあれこれ考えたことが思い出される。それは「現代を超える自由の哲学」（『思想』昭和四四・十月号初出、『ロマン的反逆と理性的反逆』太平出版社　昭和四七所収）にまとめられた。わたしが新居に学んだことの一つなのであえて書かせていただいた。

ところで新居が書いた「世界の村」の趣意書は松尾が仏訳し、松尾の知人が英訳をするなどアピールの準備は着々と進められた。パール・バックに送ろう、アインシュタインはどうだ、ヘルマン・ヘッセは、いやサルトルがいい、ピカソにも送りたいね、バートランド・ラッセルを忘れちゃいけない等々、各国の錚々たる知識人にこのアピールを送ろうと話し合っている間がどうやらこの試みの花だったようだ。

実際にアピールが送られたのかどうか、確かめたわけではないが、どこからも応答がなかったことだけは間違いない。夢はついに夢だったのかもしれない。

新居はその年（昭和二六年）春に病に倒れ、十一月十五日に亡くなった。

〈おおさわ　まさみち〉

一九二七年名古屋市生まれ。一九五〇年東京大学文学部哲学科卒業。

在学時からアナキズムに傾倒し、日本アナキスト連盟に加盟、機関紙の編集を担当。卒業後平凡社に入社。平凡社では編集局長、出版局長、取締役を経て一九八六年退社。

著書に『自由と反抗の歩み』（後に『アナキズム思想史』と改題）『石川三四郎　魂の伝道師』『忘れられぬ人々』『アはアナキストのア』など。共編著に内村剛介との『われらの内なる反国家』、松尾邦之助『無頼記者、戦後日本を打つ　1945・巴里より敵前上陸』の編・解説など。

・本書は、新居格『区長日記』（学芸通信社・一九五五年）を底本とし、適宜『遺稿　新居格杉並区長日記』（波書房・一九七五年）を参照した上で新たに注釈を付して、書名を『杉並区長日記』としたものです。
・（　）内は著者による注、〔　〕内は旧編者による注記です。
・復刻にあたり、今日では不適切な表現を含めて原文をできる限り尊重し、現代かなづかい、新字体、現代表記に改めました。
・明らかな誤字や脱字は正し、使用漢字はできるだけ統一、難読と思われる漢字にふりがなを付しました。

新居《にい》格《いたる》（一八八八〜一九五一）

徳島県板野郡斎田（現鳴門市）生まれ。徳島中学、七高を経て、東京帝大を卒業後、読売、大阪毎日、東洋経済新報、東京朝日の各新聞社等で活躍。一九二一年には処女作『左傾思潮』発表。退社後、数多くの雑誌に執筆し、作家、評論家としての地位を築く。創作集『月夜の喫煙』をはじめ、『近代明色』『街の抛物線』などの著作を相次いで刊行。「左傾」「モボ」「モガ」などの時代の流行を上手く捉えた造語を生み出す。

一九二〇年代半ばからはアナキズム陣営の先頭に立って評論活動を行う。協同組合運動（生活協同組合で知られる賀川豊彦は従兄弟）にも実践的に関与、西郊共働社（のち城西消費組合）を橋浦泰雄らと創設。また、パール・バックの『大地』を翻訳するなど、幅広い活動を見せた。

戦局が悪化する中でも、できる限り戦争協力は避け、あえて街の風景や市井人の暮らしぶりなどの日常を描くことで、ささやかな抵抗を試み続けた。敗戦を迎えたのは疎開先の伊豆長岡。

戦後、多くの作家・評論家らが戦争協力ゆえに表に出てこられなかったのと違い、新居はすぐに復活。増える原稿執筆の一方で、東京都西部生活協同組合連合会の会長に就任したほか、日本ペンクラブの創設では中心的役割を演じる。四七年、日本一の文化村を目指して杉並区長に立候補し当選。しかし、健康がすぐれず、また区議会や行政に失望してわずか一年で辞任。その後も病魔と闘いながら文筆活動を精力的に続けるも、五一年に脳溢血のため永眠した。享年六十三。

〈参考文献〉『日本アナキズム運動人名事典』（ぱる出版）他

〈写真提供〉徳島県立文学書道館

杉並区長日記《すぎなみくちょうにっき》　地方自治《ちほうじち》の先駆者《せんくしゃ》・新居《にい》 格《いたる》

2017年 10月 20日　初版第一刷発行

〔著　者〕新居《にい》 格《いたる》
〔発行者〕古屋《こや》 淳二《じゅんじ》
〔発行所〕虹霓社《こうげいしゃ》
〒418-0108　静岡県富士宮市猪之頭 806
tel　050-7130-8311
web　http://kougeisha.net
e-mail　info@kougeisha.net

〔カバー・表紙デザイン〕成田 圭祐（Irregular Rhythm Asylum）
〔企画／編集／組版〕古屋 淳二
〔印刷／製本〕協友印刷株式会社

ISBN978-4-9909252-0-8